Il manuale della pizza

Come fare la pizza classica, in teglia
e focaccia fatta in casa.
Ricette, tecniche e consigli pratici per padroneggiare l'impasto e creare il lievito madre.
Guida completa

Scritto da Tommaso Sorrentino

Un enorme grazie a tutti quelli che hanno deciso di condividere con me consigli e trucchi come frutto della loro conoscenza e genialità, rinunciando a conservarli come un tesoro tutto per loro.

Infine un ringraziamento particolare a mia figlia e il suo futuro marito, che riprendendo in mano vecchi appunti scritti e dimenticati in un cassetto, li hanno completati aggiungendo esperienze importanti che a me mancavano.

Indice

	Prefazione	1
	Introduzione	5
Capitolo 1	L'impasto	16
1.1	Tipologie d'impasto	17
1.2	Gli ingredienti	25
1.3	La creazione dell'impasto	53
1.4	L'autolisi	58
Capitolo 2	La lievitazione	61
2.1	Capire la lievitazione	61
2.2	Le fasi della lievitazione	63
2.2.1	La puntata	64
2.2.2	Lo staglio	65
2.2.3	L'appretto	69
2.3	Il processo di maturazione	72
Capltolo 3	La stesura	75
Capitolo 4	Il condimento	81
Capitolo 5	La cottura	93
Capitolo 6	Guida pratica – pizza con impastatrice e forno professionale	106
Capitolo 7	Guida pratica – pizza fatta in casa	120
Capitolo 8	Disciplinare AVPN	134
Capitolo 9	Le mie ricette	138
	Conclusioni	152

Prefazione

Ai tempi della prima elementare la mia meravigliosa maestra mi fece l'intramontabile domanda: "Che cosa vuoi fare da grande"?

Stranamente in quel deserto di ricordi ho conservato per tutti questi anni la risposta con le sue motivazioni: ero indeciso tra il maestro oppure il cowboy, forse già confuso sull'incertezza del mio futuro e, ripensando a come vedevo il mondo a 6 anni, il maestro lo avevo scelto perché avevo una sconfinata venerazione e amore per la mia maestra, mentre il cowboy forse era la speranza di poter continuare a giocare anche da grande.

Adesso che ho superato i 50 anni, dopo aver girovagato decine di ristoranti e pizzerie in svariate regioni italiane e in più di cinque stati europei, e dopo aver assunto tutti i ruoli possibili della ristorazione da aiuto cucina a commis, pizzaiolo, cameriere, pasticcere, gelataio, chef e quant'altro, continuo a pensare a cosa fare da grande; forse, per poter sbarcare il lunario è possibile che sto ancora inseguendo quei pensieri che avevo da bambino.

All'epoca non avrei mai pensato che la pizza mi avrebbe così condizionato la vita, era ancora una rarità, quasi un lusso, infatti, non ricordo di averla mai mangiata al ristorante.

La pizza è stata il primo cibo take-away completo e saziante dei miei ricordi. All'inizio le pizze da portare a casa te le andavi a prendere, non esisteva il servizio a domicilio; esse venivano impilate una sopra l'altra con nel-mezzo come divisorio della carta in cui la mozzarella ne restava appiccicata… chissà quanta carta ho mangiato!

Durante i primi anni settanta, nonostante ci fossero poche pizzerie, tutti volevano mangiare questa prelibatezza, queste rare pizzerie sfornavano centinaia di pizze al giorno con tempi di attesa talmente lunghi che a volte eri costretto a rinunciare.

Fu così che appena maggiorenne, mentre stavo cercando di diventare cuoco in un ristorante pizzeria italiana a pochi passi dal Danubio, a causa delle necessità del momento fui costretto ad abbandonare la mia posizione di cuoco e iniziai a fare delle pizze senza sapere da che parte incominciare. Ricordo che in alcune città europee non esisteva neppure il nome che stesse ad indicare il mestiere del pizzaiolo!

Leggendo questo libro avrai la possibilità di farti un'idea sulla base della mia esperienza lavorativa, acquisita negli anni e derivata da un insieme di idee e mentalità diverse.

La mia conoscenza è un misto tra quello che mi è stato lasciato sia da buoni maestri di vita che ho avuto la fortuna di incontrare, sia nel corso della mia formazione alberghiera come il maître Bonocore, Lucio Nobile, lo chef Peppino; e come dimenticare Gigino conosciuto a Jesolo, un grande esempio della vera pizza dello stile napoletano, che già da bambino cuoceva pizze in forni a legna come da copione nella bellissima città di Napoli senza avere né l'altezza né l'età adatta per stare vicino ad un forno.

E così continuo, nonostante l'età, a sentirmi un allievo; in realtà rispetto ad alcuni mi sentirò un eterno allievo, perché si sa, l'esperienza personale non si può trasmettere interamente, e di conseguenza se ne riesce ad assorbire solo una parte.

Detto ciò ti assicuro che nella stesura di questo libro mi sono impegnato al massimo per diffondere più informazioni possibili con la speranza di trasmetterti una grande passione.

Introduzione

Pizza è probabilmente la parola italiana più famosa al mondo.

Nonostante ciò, il termine pizza è dibattuto. Leggende narrano che la parola "pizza" potrebbe derivare da "pinsa", participio passato del verbo latino "pinsare", che significa pestare, schiacciare; il nome verrebbe quindi dalla sua forma e in qualche modo anche dalla metodologia di stesura. Un'altra teoria sulla nascita del nome riguarda l'arrivo dei longobardi in Italia, e con loro l'arrivo del vocabolo "bizzo-pizzo", dal tedesco "bizzen.

Quali sono le reali origini della pizza? Anche se è considerata originaria della tradizione culinaria italiana, e soprattutto napoletana, studi sulle antiche popolazioni hanno scoperto che anche Egizi, Greci e Romani cucinavano focacce e schiacciate molto simili già a quell'epoca! La pizza come la intendiamo oggi non è altro che un melting pot di diverse culture, ognuna del quale ha contribuito nella creazione del prodotto finale tanto amato da persone di tutto il mondo.

Se ci soffermiamo per un momento sull'idea della pizza, l'invenzione è veramente semplice: si tratta un disco di pasta ottenuto impastando farina, acqua e lievito, sopra del quale possono essere posti, prima o dopo la cottura, diversi ingredienti come condimento. Se la pizza la definiamo in questo semplice modo, la sua nascita può essere datata molto indietro nel tempo. Durante il neolitico, circa 10000 anni fa, nel Vicino Oriente gli uomini cominciano a stabilizzarsi in aree e a coltivare specie vegetali selezionate come farro orzo, legumi e lino. Già nel Neolitico inferiore (12000 anni fa) ci sono ritrovamenti di cottura su pietra d'impasti di cereali tostati e macinati. Ovviamente anche l'antica Grecia aveva un cibo simile, e questi dischi di pane erano chiamati *plakous*. Persino i persiani cucinavano un pane dalla forma appiattita, utilizzando gli scudi per cuocerli.

Gli antichi Egizi hanno avuto un ruolo molto importante nello sviluppo della pizza moderna, infatti grazie a loro, è stato inventato il lievito. Grazie alla lievitazione gli impasti di cereali schiacciati o macinati diventano, dopo la cottura, morbidi, leggeri, più gustosi e digeribili. S'iniziò cosi a diffondere l'antenato del pane moderno. Gli Egizi però non sono gli unici ad aver contribuito allo sviluppo della pizza così come lo conosciamo oggi. Gli Antichi Romani hanno dato il loro contributo alla crescita di questo spettacolare prodotto. Infatti, l'attuale frumento non è altro che l'evoluzione di quello che i Romani usavano all'epoca. I romani hanno creato la farina moderna attraverso incroci tra diverse tipologie di farro. Le mogli dei contadini impastavano la farina di chicchi di frumento macinati con acqua, erbe aromatiche e sale, e poi mettevano questo impasto di forma rotonda a cuocere sul focolare, al calore della cenere.

Alla domanda su dove è nata la pizza, come abbiamo visto, non è possibile dare una risposta univoca. Forse è anche questo il bello e la buona riuscita del prodotto; infatti la pizza è il risultato del contributo comune di di più popolazioni, che grazie a scoperte avvenute nel corso dei secoli, hanno permesso di creare questo prodotto da forno così tanto amato ai giorni nostri, non trovi?

L'origine della pizza moderna, come la conosciamo noi ora, tuttavia, potrebbe essere collocata a cavallo fra il '500 e il '600 proprio nel Regno di Napoli. Si tratta della cosiddetta *pizza Mastunicola*: il condimento di questa prevedeva l'utilizzo di lardo, cigoli, formaggio di pecora, pepe e basilico, tutti ingredienti italiani autoctoni dell'epoca. Un'altra preparazione che si diffuse nel Regno di Napoli fu la *pizza alla cecinelli*. Questa pizza, infatti, era condita con i bianchetti. Fino a questo punto, la regina delle pizze, la *Margherita*, condita con salsa di pomodoro e mozzarella, non era ancora stata inventata. A pensarci bene è abbastanza normale poiché il pomodoro non è originario dell'Italia! Il pomodoro è un frutto originario dell'America Centrale, del Sudamerica e di parte dell'America settentrionale. Esso è stato importato in Europa solo nel 1540. Inizialmente, tuttavia, non ebbe una grande diffusione: nei primi anni della sua importazione, infatti, si credeva che le grandi bacche rosse prodotte dalla pianta fossero velenose!

Smentito questo fatto, il pomodoro fu gradualmente introdotto nella dieta europea. Il suo utilizzo si sparse nella cucina italiana nella seconda metà del 1700.

Fu allora che i pizzaioli napoletani, inizialmente con diffidenza, iniziarono a inglobarlo nelle ricette di tutti i giorni. In breve tempo, però, questo semplice frutto seppe conquistare tanto il palato del popolo, quanto quello dei reali.

Ma come fece la pizza, questa semplice e povera pietanza, ad arrivare e a essere amata da tutti, tralasciando la classe sociale di appartenenza, fino addirittura ad arrivare alla corte reale?

Finora, come visto, non si è fatto alcun riferimento all'inventore della pizza. Se c'è un nome cui l'invenzione della pizza può essere associata, questo è certamente quello di Raffaele Esposito, titolare della storica taverna napoletana "Pizzeria di Pietro e basta così". È con lui, infatti, che ebbe inizio la storia della pizza Margherita, la pizza più famosa al mondo. Sarebbe stato lui, nel 1889, a dedicare una pizza alla regina Margherita di Savoia, da cui la regina delle pizze prese il nome. Gli ingredienti usati volevano rappresentare il tricolore italiano: la passata di pomodoro per il rosso, la mozzarella per il bianco e infine il basilico per il verde. La pizza ebbe un grande successo nel Regno di Napoli, ma non ebbe successo nei territori adiacenti fino ai primi ani del 1900. In questo periodo nacquero i primi locali specializzati nella produzione di pizza che, ovviamente, presero il nome di pizzerie. Questi locali non si svilupparono omogeneamente in tutta Italia, infatti, l'apertura delle prime pizzerie nel Nord del paese risale alla fine della Seconda Guerra Mondiale.

La pizza deve il suo successo nel mondo grazie agli emigrati italiani dal secondo dopoguerra in avanti. Da questo momento in poi nessuno poteva più cedere alla tentazione di questo piatto così semplice ma altrettanto prelibato.

Nel 2017 l'UNESCO ha dichiarato *l'arte del pizzaiuolo* napoletano come patrimonio immateriale dell'umanità. Ciò che ha portato un piatto di così povero e semplice a diventare un'icona italiana famosa in tutto il mondo, un pianeta in cui si mangiano 5 miliardi di pizze all'anno, sembra quasi un sogno.

E cosa dire della pizza americana? Come mai in America questa pizza ha più successo che quella italiana?

Innanzitutto bisogna chiarire una cosa importantissima, la pizza non è un'invenzione americana, come alcuni potrebbero credere, ma si tratta semplicemente un prodotto italiano esportato che ovviamente ha subito dei cambiamenti, dovuti alle usanze, la cultura e gli strumenti di lavorazione dei posti accoglienti. L'arrivo della pizza italiana in America si può datare alla fine del 1800, grazie all'emigrazione degli italiani verso il Nuovo Mondo. Infatti, nel giro di pochi anni ben 4 milioni di italiani sbarcarono a Ellis Island, dove venivano visitati prima di spostarsi verso quartieri ad elevata omogeneità culturale, dove nel caso degli italiani, Little Italy era la zona favorita.

Gli immigrati italiani erano stati costretti a scappare dall'Italia, alla ricerca di un futuro migliore, ma la lontananza dal paese di provenienza si faceva sentire e quindi per mantenere le radici forti e per sentirsi più a casa, ricercavano nella pizza il profumo e il gusto di prodotti della tradizione italiana.

La pizza quindi divenne un prodotto geolocalizzato, fatto da italiani per italiani. Essa era cotta nel tradizionale forno a legna, essendo essenzialmente una replica del prodotto italiano.

Con il passare del tempo gli italiani iniziarono ad aprire negozi che vendevano principalmente pizze. La prima licenza per la vendita della pizza in America è stata concessa nel 1905 a New York, all'italiano Gennaro Lombardi, per il suo negozio di generi alimentari su Spring Street, ai tempi un fiorente quartiere italo-americano. Da quel momento seguì un'espansione verso la parte settentrionale e occidentale del territorio americano, in seguito allo spostamento degli immigrati italiani nel verso città più industrializzate, in quanto la maggior parte di loro facevano parte della classe operaia.

Interessante è l'apertura di una pizzeria nel New Jersey nel 1912, locale chiamato Joès Tomato Pies, adesso chiamato semplicemente "Joe Tomato". Tomato Pie era il nome con cui veniva chiamata la pizza in America.

Fino a questo momento la pizza rimase sostanzialmente limitata al ruolo di comfort food per immigrati nostalgici ed era concettualmente ancora molto simile al prodotto originale: sottile, bassa e cotta rigorosamente nel forno a legna.

Un anno cruciale per lo sviluppo della pizza americana negli Stati Uniti fu il 1933, anno in cui terminò ufficialmente il proibizionismo. I locali pubblici ricominciarono a rivendere alcolici e a veder rifiorire le proprie attività. La pizza quindi assunse cambiamenti di carattere sociale. Ci si ritrovava alla *public house*, o semplicemente *pub*, prima di tornare a casa dal lavoro, o durante il weekend per celebrare il venerdì sera e quindi la fine della settimana. I pub, chiamati "Tavern", iniziarono quindi a cercare un cibo veloce da cuocere, che si prestasse bene come accompagnamento al consumo di alcool e che ne favorisse la vendita. La pizza si rivelò la scelta perfetta, vincendo facilmente il confronto con i prodotti americani per eccellenza: Hamburger e Hot Dog. Questo prodotto italiano era pronto in pochi minuti e poteva esser facilmente servito caldo. Era ottimo come "tappo" agli effetti del bere eccessivo, costava poco e infine si prestava molto bene a essere diviso a fette. Quest'ultima caratteristica favorì la condivisione di questo fantastico cibo; infatti, spesso gruppi di amici la acquistavano per dividersela al tavolo, rafforzando così il legame di amicizia.

A questo periodo si deve la prima sostanziale e in realtà logica modifica: la pizza diventa più grande. Come abbiamo appena visto, doveva soddisfare più persone e la fetta doveva bastare quasi come se fosse una porzione. Questa trasformazione viene accolta così con entusiasmo da gruppi di colleghi, compagni di squadra e famiglie che decidevano di andare a cenare fuori. La pizza diventa quindi molto più diffusa grazie a questa semplice ma efficace modifica, trasformandosi in un piatto venduto da americani per americani.

Negli anni '30 inizia quindi il primo boom della pizza negli USA e non è un caso che ancora oggi molte pizzerie famose riportino ancora il termine "Tavern" nel proprio nome, sebbene siano ormai solo delle pizzerie vere e proprie e non più dei pub.

La definitiva trasformazione verso il concetto americano di pizza si ebbe con la fine della seconda guerra mondiale, e il ritorno dall'Europa dei soldati dell'U.S. Army che, avendo stanziato principalmente nell'Italia meridionale, avevano imparato ad apprezzare la pizza come economica e completa forma di sostentamento.

Uno di questi soldati era Ira Nevin, il cui padre aveva un'attività di riparazione di forni a gas nel Bronx. Egli decise di modificare uno dei forni del padre creando il primo forno per pizza a gas, e creò la Baker Pride, oggi importante azienda americana del settore. Questo passaggio ebbe due fondamentali ripercussioni sullo sviluppo della pizza americana. La prima è stata che inizialmente le prestazioni del forno a gas non erano le stesse di quello a legna, portando a un'evoluzione del concetto di pizza verso una forma maggiormente adatta a quel tipo di cottura, quindi in teglia, caratterizzata da uno spessore maggiore della pizza, in modo da sopportare meglio una cottura a temperature più basse e di conseguenza più lunga.

La seconda ripercussione è stata che improvvisamente la pizza cessava di essere un prodotto "scomodo", legato alla maestria del pizzaiolo nella gestione del forno, assecondando la naturale propensione americana per lo sviluppo delle attività attraverso catene commerciali. Nel giro di tre anni nacquero tre giganti del settore: Pizza Hut nel 1958, Little Caesar's nel 1959 e Domino's nel 1960.

Io personalmente trovo molto interessante la lunga e travagliata storia della pizza, e adesso che conosci la vera origine possiamo buttiamoci sulla parte più pratica.

Ho composto questo libro tenendo principalmente conto dello sviluppo temporale di una pizza. Scopriremo insieme la scelta degli ingredienti, la creazione di un impasto professionale, le fasi della lievitazione, l'apertura del pallina, il condimento e infine la cottura della pizza.

Questa guida passo per passo è un mix di aspetti teorici e pratici, inoltre ho arricchito il libro con un capitolo per la preparazione step by step della pizza in teglia fatta in casa e di quella professionale fatta in pizzeria.

Nell'ultimo capitolo, "le mie ricette", ho inserito un po' di ricette interessanti da provare, come la focaccia tipica ligure e la focaccia al formaggio.

Questo libro può essere definito come l'abc della pizza italiana; conoscendo e apprezzando tutti i passaggi per arrivare al prodotto finito ti sarà possibile preparare la pizza per la famiglia, gli amici e perché no, avrai anche le basi per aprire una pizzeria tutta tua!

Io personalmente penso che se si ha un obiettivo, passione e dedizione si possono raggiungere tutti gli obiettivi che ci si è posti, l'importante è usare i mezzi giusti, e questo libro fa proprio a caso tuo!

Cercherò di non tralasciare particolari importanti, sono pronto a svelarti tutti i segreti che ho imparato in questi 35 anni di carriera. Spesso ci sono degli aspetti e delle tecniche che sono sottovalutati o che non sono menzionate nei ricettari, che però fanno davvero la differenza sul prodotto finale, quindi è importante non lasciare nulla al caso e iniziare ad approfondire tutti i passaggi!

Capitolo 1
L'IMPASTO

Quando pensiamo di preparare la pizza quale domanda ci viene subito in mente? Gli ingredienti da usare? Quale ricetta da seguire?

Ovviamente, queste domande sono lecite, ma quella che personalmente mi sta più a cuore è: quando mangerò la pizza?

Se ti stai chiedendo perché, stai tranquillo, lo scoprirai durante la lettura di questo libro!

Avrai ben capito che, essendo il libro strutturato su una linea temporale la prima domanda alla quale risponderemo, sarà: quanto tempo ho per fare lievitare il mio impasto? Di conseguenza potremmo vedere questa domanda come: quale impasto andrò a fare? E per impasto qui non intendo solamente quale ricetta andremo a seguire, ma andrò a smembrare tutte le tipologie d'impasti in dipendenza alla tipologia di lievitazione.

Alcune persone provano un lievito o un impasto particolare e rimangono tutta la vita con quello, altre amano cambiare, o compiono la scelta secondo il tempo a disposizione.

Questo primo capitolo si concentrerà tutto sulla creazione dell'impasto vero e proprio, la distinzione tra impasti a metodo diretto, indiretto e semi-diretto. Andremo poi a scoprire tutto quello che c'è da sapere, dalle dosi alle caratteristiche degli ingredienti, fino ad alcuni consigli utili per ottenere un impasto da pizza davvero perfetto.

1.1 Tipologie d'impasto

L'impasto è una delle fasi principali nella preparazione del pane e dei prodotti da forno in generale, e di conseguenza è un argomento di fondamentale importanza quando si parla di preparazione della pizza. Dalle caratteristiche dell'impasto dipende l'80% circa delle caratteristiche del prodotto finito, per cui una corretta esecuzione dello stesso, riveste un'importanza fondamentale per ottenere un prodotto finito eccellente. Esistono vari metodi nella preparazione di un impasto che differiscono per tempo di preparazione e ingredienti. Sono quindi divisi in metodo diretto, indiretto e semi-diretto.

Nel metodo diretto tutti gli ingredienti sono impastati in un'unica fase, a differenza del metodo indiretto, dove è preparato un pre-impasto a base di farina, acqua e lievito, il quale subisce una pre-fermentazione; dopodiché' tramite l'aggiunta degli ingredienti restanti, si va a formare l'impasto finale. L'ultimo tipo d'impasto è chiamato semi-diretto, il quale si può preparare utilizzando pasta di riporto oppure il lievito madre.

Impasti diretti

Gli impasti diretti si basano sulla lievitazione alcolica, ottenuta grazie al lievito di birra. Quest'ultimo viene inserito nell'impasto insieme agli ingredienti previsti dalla ricetta: farina, acqua, olio e sale. È senza dubbio il metodo più diffuso, perché è il più veloce e semplice da gestire. Inoltre se i tempi di lievitazione e maturazione sono rispettati, permette comunque ottimi risultati.

Si può dire che il metodo indiretto, grazie alla sua semplicità è utilizzato per la preparazione della pizza dalla maggiorparte dei pizzaioli.

Impasti indiretti

Gli impasti indiretti nascono con l'intento di migliorare le caratteristiche organolettiche, la conservabilità e digeribilità del pane e della pizza. In questa categoria l'impasto vero e proprio è preceduto da un pre-impasto che avrà la funzione di lievito nell'impasto finale. Parte della farina e dell'acqua previsti dalla ricetta sono impastati con il lievito di birra e, dopo essere stati lasciati lievitare dalle 4 alle 72 ore, vengono aggiunti al nuovo impasto contenente il resto degli ingredienti previsti dalla ricetta.

<u>La biga</u>. Si tratta di un pre-impasto solido che si ottiene utilizzando il 45% di acqua su 1 kg di farina, al cui si aggiunge un 1% di lievito di birra. Si tratta di una percentuale bassissima di lievito che serve unicamente come starter.

Ci si è accorti che la biga, oltre alla connotazione alcolica derivata dal lievito di birra durante il periodo di maturazione, acquisisce anche parte dei profumi classici del lievito madre, dovuti perlopiù a una natura "lattica". Questa eccezionale acquisizione è ottima perché si acquistano importanti e interessanti caratteristiche organolettiche senza dover sottostare alle regole di gestione della pasta madre, spesso ritenute troppo impegnative.

Come si prepara allora una biga? La classica formula per ottenere lo starter è la seguente:

- 495 g di farina forte
- 250 g di acqua-50% sul peso farina
- 5 g di lievito di birra - 1% sul peso farina

Sciogli il lievito nell'acqua e unisci la farina in precedenza setacciata; lavora gli ingredienti per qualche minuto fino a ottenere un impasto grezzo; mettilo in una ciotola coprendolo con uno strofinaccio di stoffa umido, o con pellicola trasparente per evitare che si asciughi. La maturazione della biga è compresa tra 16 ore ed un massimo di 48.

Fondamentale è stabilire il tempo che puoi dedicare al prefermento, e di conseguenza, quando si parla di lievitazione e tempi, una caratteristica fondamentale da non tralasciare è la temperatura di lievitazione. Il tempo necessario per la fermentazione di qualsiasi impasto varia in funzione della temperatura e di conseguenza questo si applica anche alla biga. Lo scopo ultimo è quello di ottenere una biga di ottima qualità, ciò vuol dire con un rapporto di 3:1 dell'acido lattico ed acetico. Per bighe con una durata di fermentazione compresa tra 16 e 20 ore, la temperatura ambiente ideale è 20°C. Mentre per bighe aventi una fermentazione di 48 ore, la temperatura deve essere molto più bassa: 4°C per le prime 24 ore e 20°C per le restanti 24. Nel caso in cui si necessiti una fermentazione del pre-impasto più veloce, si può accelerare aumentando la temperatura dell'ambiente dove matura, o impastando qualche minuto in più il prefermento, alzando la temperatura iniziale del primo impasto.

Le proporzioni del lievito necessarie per la preparazione della biga possono cambiare secondo la stagione o la temperatura ambiente in cui si lavora. Ad esempio, d'estate la percentuale di lievito può essere ridotta dall'1% fino allo 0,5%. Inoltre, avendo il sale un effetto rallentante sulla lievitazione, può essere utile aggiungerne lo 0,5% sul peso farina per evitare un'eccessiva fermentazione durante periodi particolarmente caldi.

È molto importante ottenere una biga che sia completamente matura, altrimenti rischierai di ritrovarti un prodotto scuro, molle, appiccicoso e dall'odore sgradevole, inadatto a una panificazione di qualità e che trasmetterà tutti i suoi difetti anche al prodotto finale. L'osservazione e il costante controllo di temperatura e umidità giocano quindi un ruolo molto importante.

La biga, rispetto al poolish, che vedremo tra un attimo, è caratterizzata dall'avere una maglia glutinica più forte e per questo motivo bisogna prediligerla nel caso si cerchino alveoli grossi e irregolari; il prodotto finito tende ad avere una mollica morbida e aromatica, con un sapore pieno dovuto alla produzione di acido lattico durante la fermentazione. Queste caratteristiche rendono la biga preferibile per pizze in teglia alla romana, focacce morbide, grandi lievitati e pagnotte dalle dimensioni sostenute.

<u>Il Poolish</u>. Pare che si chiami così perché era una pasta inventata dai polacchi ed esportata in Francia, dove fu così battezzata. A differenza della biga, il poolish è un impasto perlopiù liquido; infatti ha ad un'idratazione del 100%, cioè dove acqua e farina hanno le stesse quantità. Questo prefermento è usato nella tradizione della panetteria francese, non per niente un pane molto famoso che viene fatto con il poolish è la classica baguette.

La quantità di lievito di birra da usare nella preparazione di questo prefermento deve essere decisa in base al tempo che hai a disposizione per la prefermentazione. Dati alla mano, un poolish con 6-7 ore di lievitazione avrà bisogno di un 1% di lievito sul peso della farina, mentre uno con 13/14 ore solamente di uno 0,2%.

Ricette diverse portano ovviamente a caratteristiche finali diverse. L'alveolatura differisce rispetto alla biga, è, infatti, caratterizzata da una tipologia più fitta e minuta. In generale, il poolish assicura alveoli piccoli e ben distribuiti, un effetto croccante superiore e una maglia glutinica molto estensibile grazie a un'elevata quantità d'acqua. Il sapore è più pungente rispetto a un prodotto sviluppato dalla biga, a causa della presenza di acido acetico e alcol. Consiglio di usare il poolish per preparare pizze basse e croccanti o pizze alla romana, focacce e pani croccanti.

Gli impasti semi-diretti

Gli impasti semi-diretti includono la pasta di riporto e il lievito naturale.

<u>La pasta da riporto</u>. È un classico dei paeselli italiani, nei tempi passati, quando ogni massaia che impastava chiedeva alla vicina un pezzo di "crescente" e lo usava come lievito nel proprio impasto, da cui si premurava di staccarne un pezzo da conservare. La caratteristica sta nel fatto che l'impasto contiene sale (poiché staccato da un impasto già fatto e salato!) e si tramandava per mesi o anche per anni, con il risultato che col trascorrere del tempo acquisiva batteri simili a quelli di un Lievito Naturale, da cui si distingue, appunto, solo per la presenza del sale e garantisce quindi, sia una lievitazione alcolica sia quella lattica. Inoltre, la presenza del sale rallenta i processi di maturazione, aumentando la conservazione nel tempo.

Come appena visto, il metodo consiste semplicemente nel conservare parte dell'impasto precedente in modo che possa essere utilizzato come lievito nell'impasto successivo. L'impasto si mantiene anche per 5 giorni in frigo senza bisogno di rinfresco. Si può utilizzare negli impasti aggiungendolo come 1/3 del totale, e si lascia lievitare per circa 8/10 ore; ma non è una regola. Più pasta da riporto si usa, prima lieviterà l'impasto.

Nei giorni nostri è usato principalmente nella preparazione del pane a pasta dura.

Il lievito madre. Infine, tra gli impasti semi-diretti troviamo anche il lievito madre, al quale ho dedicato qualche parola in più nel prossimo paragrafo; sono molto affezionato a questo genere di lievito, ti spiegherò quindi come crearlo e ti dirò utili trucchi e informazioni per la creazione e gestione di un ottimo lievito madre professionale tutto tuo.

Per terminare, parlando del tipo d'impasto da scegliere, si può dire che un impasto diretto ben fatto spesso è superiore per scioglievolezza e omogeneità, mentre gli impasti indiretti assicurano maggior tenacia che si ripercuote sul morso, indicata per la pizza in teglia o la pizza alla pala romana ma sconsigliata nella pizza napoletana. Ciò non significa però che non si facciano ottime pizze napoletane con una biga, o teglie spettacolari con il metodo diretto; dipende sempre da come sono gestiti i relativi impasti.

1.2 Gli ingredienti

Come saprai l'impasto della pizza è composto da cinque semplici ingredienti: farina, acqua, olio, sale e zucchero. Andremo a sviscerare gli elementi uno per uno, del resto cosa c'è di meglio che conoscere gli ingredienti che si utilizzano?

Farina.

Per semplicità e per evitare di divagare troppo su un argomento tanto bello quanto complesso, ci riferiremo a farine di grano, che sono quelle comunemente usate per la creazione di prodotti di forno e pizza.

La scelta del tipo di farina e le sue caratteristiche, fra cui forza e assorbimento, sono parametri molto importanti per la creazione della pizza, che però purtroppo in molti tendono a sottovalutare. Infatti, secondo il prodotto che vuoi realizzare, devi scegliere di utilizzare il tipo di farina ottimale per quel determinato scopo, che quindi soddisfi una serie di caratteristiche per l'ottimale riuscita del prodotto. Prima di arrivare a questa scelta bisogna capire perché ci sono diversi tipi di farina e in che cosa differiscono.

In sala di macinazione il grano è trasformato in farina attraverso fasi di lavorazione successive. La prima operazione di lavorazione consiste nella rottura del chicco, che segue l'abburattamento del macinato. Quest'ultimo è il processo di setacciatura graduale del grano macinato per ottenere farine di diversa finezza. Consiste quindi nel separare la parte nobile del grano dalla crusca mediante setacci a maglie differenti. Il tasso di abburattamento, o resa di macinazione, è la quantità di farina ottenuta dalla macinazione di cento chilogrammi di grano. In altri termini, rappresenta la percentuale di chicco utilizzata per una determinata farina. Secondo il tasso di abburattamento, e quindi di raffinazione del chicco, le farine di grano tenero si distinguono in cinque tipi: "00", "0", "1", "2" e integrale.

La farina "00" ha subito un abburattamento del 50%; la farina "0" del 72%, il tipo "1" dell'80% e il tipo "2" dell'85%; la farina integrale è stata sottoposta soltanto a una prima fase di macinazione, senza successivi buratti, e ha un tasso di abburattamento del 100%.

In quest'ordine, i diversi tipi di farina presentano una quantità di crusca e germe via via crescente: la farina di tipo "00" è la più raffinata e proviene dalla parte più interna del chicco di grano; quella di tipo "2" è la più simile alla farina integrale grezza, contenendo tutte le parti del chicco macinato.

Le farine con il minor tasso di abburattamento sono bianche e soffici e particolarmente ricche di amido.

Viceversa, le farine con la resa di macinazione più alta sono più scure e presentano una maggiore quantità di fibre, vitamine, proteine, grassi ed enzimi, sostanze contenute tutte nella parte più esterna del chicco.

<u>Farina 00:</u> questa, come abbiamo visto, è la farina più raffinata in assoluto. È ottenuta attraverso la moderna macinazione mediante cilindri di acciaio. In questa farina sono eliminate tutte le parti migliori del grano, nutrizionalmente parlando. Nella farina 00 infatti vengono eliminati la crusca, ricca di fibre ed il germe del grano, ricco di vitamine, sali minerali e amminoacidi, tutto questo per rendere la farina più bianca e più facilmente lavorabile. Tutto ciò che resta è l'amido, che non è altro che un carboidrato semplice, e poche proteine conosciute come *glutine*. L'apporto nutrizionale della farina 00 è molto basso anzi, in qualche modo contribuisce anche all'aumento della glicemia. Questa farina, nonostante le povere caratteristiche nutrizionali, è la più utilizzata nei prodotti da forno, principalmente perché è considerata un prodotto puro e facilmente digeribile, inoltre consente una migliore lavorabilità e accorcia i tempi di lavorazione. Come ultimo punto, è meno saziante di farine più nutrienti e quindi fa aumentare i consumi, un punto a favore per l'industria alimentare. Come si può dedurre la farina di tipo 00 è ampliamente utilizzata solo perché più pratica e

più facilmente commercializzabile. Del resto l'industrializzazione non bada a ciò che ci fa bene ma a ciò che più può essere venduto più facilmente.

<u>Farina 0:</u> è leggermente meno raffinata della precedente, ma comunque anch'essa è stata privata di gran parte dei suoi elementi nutritivi; nonostante ciò è più ricca di proteine rispetto alla tipo 00, ma anche qui le parti nobili del grano vengono scartate.

<u>Farine di tipo 1 e 2:</u> sono molto simili tra loro, ma differiscono per la dimensione dei granuli passati al setaccio. Innanzitutto il grano è macinato interamente, senza eliminare nessuna parte. Poi, attraverso un'operazione di setaccio, la farina viene separata in base alla dimensioni dei "granuli". La farina tipo 1 contiene un minore quantitativo di crusca e di germe del grano, che vengono allontanati a causa delle dimensioni maggiori nella fase di setacciamento, mentre la farina Tipo 2, conosciuta anche come farina "semi-integrale" è una farina caratterizzata da granuli di grosse dimensioni e un maggiore quantitativo di componenti fibrose e germe del seme rispetto alle precedenti. È una farina che presenta ottime caratteristiche nutrizionali ed è più facile da lavorare rispetto alla farina integrale.

<u>Farina integrale:</u> Senz'altro è la migliore a livello nutrizionale, specialmente se macinata a pietra, poiché le

macine lavorando a bassa velocità non surriscaldano la farina, lasciando intatti tutti principi nutritivi. Le farine integrali hanno il grande vantaggio di mantenere intatti i nutrienti presenti nel germe, "l'anima" dei chicchi, fonte di sali minerali, aminoacidi e vitamine, e nella crusca, la parte più esterna, che contiene le fibre. Ci sono moltissime farine integrali in commercio, ma per lo scopo di questo libro ci concentreremo su farine di grano, poiché farine di mais, riso e quant'altro spesso non si addicono alla creazione di un impasto della pizza. Nonostante ciò rimangono farine molto interessanti per la creazione del pane.

In generale la farina integrale è molto più difficile da lavorare, principalmente a causa di due motivi. Il primo è dovuto alla granulometria della farina, che non permette al glutine di legare con la stessa facilità. La seconda è che spesso, nonostante si tratti di farine con una maggior presenza di proteine, esse, derivando dalla crusca, non favoriscono la lievitazione. Per questo motivo in fase di stesura potresti trovarti a gestire un prodotto più fragile, mentre in fase di preparazione noterai una maggiore tendenza dell'impasto ad afflosciare.

Farina Manitoba. Una farina speciale degna di nota è la *Manitoba*, la quale deriva da un grano tenero originario del Canada. Essa presenta un elevato contenuto proteico che le conferisce una grande forza ed elasticità.

Manitoba è una località del Canada particolarmente fredda, ma non abbastanza da inibire la crescita del grano ma rigida abbastanza da non consentire la crescita di grani originari di ambienti miti.

La resistenza al freddo canadese di questo grano è data dall'alta percentuale di proteine e di glutine; in particolare, quest'ultimo funziona come un indispensabile meccanismo di difesa della pianta, principalmente nel periodo in cui il seme cade a terra e deve far germogliare le prime foglie e le prime radici per dare vita ad una nuova pianta.

Di conseguenza l'elevata presenza di glutine, permette l'uso della Manitoba in ricette con lunghe lievitazioni ed è perfetta per impasti ricchi di grassi e zuccheri, come ad esempio quello del panettone, o impasti che necessitano di un'elevata elasticità, come la focaccia al formaggio. Non sai cos'è? Non preoccuparti non ti farò finire questo libro senza sapere cose così importanti!

Naturalmente, la farina Manitoba è da acquistare se abbiamo intenzione di fare qualcosa che richieda una lunga lievitazione. Di conseguenza, se abbiamo intenzione di far lievitare per ore un impasto della pizza o del pane, la farina di Manitoba dev'essere presente almeno in parte dell'impasto.

Come possiamo immaginare quindi, impasti di tipo diretto possono essere fatti tralasciando l'uso della Manitoba, mentre gli altri, indiretti o semi indiretti, a causa della lunga lievitazione necessitano di farina forte, ricca in glutine.

Come noterai ogni farina ha sia aspetti positivi si aspetti negativi. Questo vuol dire che quando si progetta la preparazione della pizza bisogna tenere conto diverse variabili come il tempo di preparazione che abbiamo a disposizione, chi andrà a mangiarlo e con quale frequenza. Salterà sicuramente in mente che spesso le pizzerie non hanno diversi impasti tra i quali scegliere, bensì hanno spesso un impasto formato con un'alta percentuale di farina molto raffinata, perché quasi nessuno usa farine integrali con scopo professionale. Ma ora che hai una conoscenza maggiore delle farine perché non giocare con le proporzioni in modo da creare un impasto con un alto contenuto di elementi salutari e in grado di mantenere lunghe lievitazioni? Come spesso dico esperienza e passione per questo lavoro o hobby sono gli ingredienti fondamentali della panificazione.

A essere sinceri, per valutare le caratteristiche di una farina non basta solo saper cosa vuol dire il nome scritto sulla confezione, il quale può cambiare secondo la marca usata o del paese dove è stata macinata, ma bisogna sapere leggere l'etichetta delle caratteristiche del prodotto; infatti, questa ci può dare informazioni molto importanti che serviranno sia alla scelta delle farine da usare che al corretto calcolo dei tempi di lievitazione.

In realtà il dato più importante è uno: la forza, indicata con la lettera W. Essa, infatti, aiuta a capire la forza della farina.

	Forza (W)	Proteine (%)
Farina debole	90-130	9-10.5
↓	130-200	10-11
	170-200	10.5-11.5
	220-240	12-12.5
Farina forte	300-310	13
	340-400	13.5-15

Questo dato purtroppo non viene scritto sulla confezione di molte farine che puoi trovare nei supermercati. In questo caso puoi ovviare facendo riferimento alla percentuale di proteine e regolarti secondo quella.

Farine deboli hanno un range proteico che varia dall'8 al 10%; farine medie e forti vanno dal 11 fino al 14 -15 %. Come usare questo valore? Cosa realmente ci vuole dire? Bè, se vuoi preparare un prodotto senza lievito o che lievita solamente durante la cottura come ad esempio un dolce, una torta o dei biscotti la scelta dovrà ricadere su farine deboli, povere di proteine. Al contrario, se cerchi una farina per preparare un prodotto che richiede lunghe lievitazioni, la scelta dovrà ricadere su farine con tenori proteici dal 12 % in su. Nel caso in cui si voglia preparare un lievitato impegnativo, ricco di grassi o uova, allora bisogna utilizzare una farina di forza con proteine intorno al 14% minimo. Queste sono ovviamente indicazioni di massima, legate a una scelta consapevole del prodotto adatto alle tue esigenze: il resto lo faranno la ricetta e il metodo d'impasto.

Magari ora avrai capito la differenza tra le varie farine di grano tenero e la loro forza ma, perché queste benedette proteine fanno così tanto la differenza in un impasto? Devi sapere che durante la fase dell'impastamento, il glutine contenuto nella farina, mescolato con l'acqua, forma la maglia glutinica, nient'altro che un reticolo dentro cui i gas prodotti dai lieviti, durante la fase di lievitazione vengono intrappolati. In poche parole colei che mantiene i gas all'interno dell'impasto è la maglia glutinica. Quindi maggiore è la quantità di proteine, maggiore è la forza della farina e quindi la sua resistenza alla lievitazione nel tempo. Un impasto creato con una farina di tipo forte, riuscirà a sostenere il peso dell'acqua in esso contenuta e non fare fuoriuscire l'anidride carbonica accumulata al suo interno durante la lievitazione.

In generale possiamo parlare di:

<u>Farine deboli</u> con W fino a 170. Assorbono il 50% di acqua sul loro peso circa e si utilizzano per cialde, grissini, biscotti.

<u>Farine medie</u> con W compresa tra 180 e 260. Assorbono tra il 55 e il 65% di acqua sul loro peso e sono adatte a pani all'olio e per determinati tipi di pizza che lievitano in poco tempo, come la napoletana.

<u>Farine forti</u> con W compresa tra 280 e 350. Assorbono fino e oltre il 75% di acqua del loro peso e sono l'ideale per preparare pizze a lunga lievitazione.

La forza non è l'unica caratterista delle farine; infatti, la situazione si complica se scendiamo nei dettagli, ma a dirla tutta sono particolari che possono essere presi in considerazione da chi ha molta esperienza e vuole perfezionare il prodotto pizza.

Penso comunque sia interessante almeno sapere che esistano! Queste caratteristiche comprendono:

<u>Rapporto tra estensibilità e tenacia</u>. I valori ottimali per una pizza variano da 0.4 al 0.5. Questo numero ci permette di capire l'estensione della pizza e quanto resiste sotto stress.

<u>Indice di caduta.</u> Per preparare una buona pizza consiglio valori compresi tra 200 e 250.

Come abbiamo visto esistono molti tipi di farina in commercio, ma possiamo dire che la farina maggiormente usata per fare la pizza è la tipo 00. Ovviamente la scelta di un ottimo mulino è imprescindibile se si vuole creare un prodotto di qualità. I marchi di farina più conosciuti, soprattutto per la pizza napoletana, sono senz'altro La Caputo e la 5 Stagioni, che hanno a disposizione diverse varietà, come ad esempio la rossa e blu, che differiscono una dall'altra a seconda della forza -W- e altre caratteristiche tecniche. Ovviamente questi molini sono tra quelli più conosciuti, ma questo non toglie che ce ne siano altri, a volte di qualità ancora migliore. Infatti, in base alla zona in cui ti trovi, consiglio di consultarti con i fornitori o i mulini di farina del luogo, che ti indirizzeranno verso farine adatte per Il tipo di prodotto che vuoi creare. Ricorda che la scelta del tipo di farina dipenderà da molti fattori tra cui ore di lievitazione, uso o meno del frigo, idratazione e tipologia di impasto (diretto, indiretto o semi-diretto). Per la preparazione casalinga, potrai trovare in commercio sacchetti più piccoli rispetto ai classici 25 kg utilizzati in pizzeria, ultimamente infatti, con la sempre più crescente domanda di farine al dettaglio, i mulini Caputo, 5 Stagioni, Marino,

Bongiovanni e Rossetto (soltanto per citarne alcuni) hanno iniziato ad offrire sacchetti da 1 o 5 kg. Nel caso non riuscissi a trovare farine di qualità nei supermercati al dettaglio o all'ingrosso, ti consiglio di visitarei rispettivi siti web, e richiedere una consegna presso la tua abitazione.

Acqua.

L'acqua è spesso l'elemento più sottovalutato di tutti gli ingredienti che formano l'impasto. Spesso e volentieri si sente, soprattutto dai non amanti della panificazione, il fatto che alla fine gli impasti sono composti *solamente da acqua e farina*; bene, magari la frase potrebbe sembrare un po' sciocca dal punto di vista di un amante della panificazione, ma effettivamente non ci dobbiamo dimenticare che l'acqua è il secondo ingrediente in termini di quantità del nostro impasto e che, conseguentemente, gioca un ruolo fondamentale per la creazione di una buona pizza.

I fattori più importanti riguardo l'acqua che dobbiamo tenere a mente per la creazione del nostro impasto sono la quantità, la temperatura, e la durezza.

<u>Quantità.</u> Come sappiamo la quantità di acqua è la diretta responsabile della durezza o morbidezza dell'impasto. Se vuoi creare un impasto sodo, l'acqua deve essere uguale

o inferiore al 50% sul peso della farina, mentre per un impasto morbido dev'essere compresa dal 50 al 65% sul peso della farina e infine per uno molto idratato l'acqua è in misura superiore al 65% sul peso della farina. Bisogna però tenere conto che se si vuole creare un impasto adatto per la classica pizza rotonda, sarà necessario avere un impasto morbido. Le cose però non sono così semplici poiché la quantità di acqua da mettere nell'impasto dipende anche dal tipo di farina utilizzata e dalla temperatura ambiente. La ricetta quindi cambierà secondo la qualità della farina e della stagione.

Temperatura. Un fattore importantissimo da tenere conto per una lievitazione ottimale del nostro impasto è la temperatura dello stesso. Questa è una delle caratteristiche della creazione dell'impasto che in generale porta i maggiori problemi alla riuscita di una buona lievitazione. Ovviamente l'ingrediente che è più facilmente modificabile dal punto di vista della temperatura è l'acqua.

L'impasto, come abbiamo già visto, è un qualcosa di vivo, ricco di lieviti e batteri lattici, che richiedono la loro temperatura ottimale per fermentare correttamente e per non accelerare troppo tale processo. Inoltre, anche lo sviluppo del glutine è dipendente dalla temperatura raggiunta dall'impasto, ne consegue ancora una volta quanto sia importante aggiungere ingredienti, tra i quali l'acqua, che abbiano una temperatura controllata, al fine di avere una lievitazione perfetta.

Come regola generale, se l'impasto è troppo freddo, la lievitazione sarà rallentata e il glutine si formerà male o troppo lentamente. Se invece la temperatura finale dell'impasto è troppo calda, la maglia glutinica potrebbe sfaldarsi, perdendo la forma e la fermentazione potrebbe essere troppo accelerata con conseguente acidificazione dell'impasto.

Più avanti, nel capitolo della lievitazione, vedremo in dettaglio il ruolo che la temperatura ricopre durante questa fase iniziale, e ti svelerò un antico trucco per la gestione della temperatura degli ingredienti.

Durezza. L'ultima caratteristica dell'acqua che prendiamo in considerazione è la sua durezza, in altre parole la quantità di sali minerali contenuti in essa. La presenza di sali in quantità elevate, classifica l'acqua in dolce, dura e alcalina. Questo valore è espresso in mg/L di $CaCO_3$ oppure in gradi francesi. Il simbolo per quest'ultimo è °f, 1°f corrisponde a 10 mg/l, per questo motivo se su di una bottiglia di acqua leggiamo 4,0 °f, il grado di durezza espresso in mg/L è di 40.

Si identifica un'acqua dolce quando il valore è inferiore a 100 mg/L, mentre un'acqua moderatamente dura, ha un valore compreso tra 100 e 200 mg/L, infine un'acqua è definita dura quando il valore supera i 200 mg/L.

Per la panificazione è consigliato l'uso di acqua moderatamente dura, poiché la presenza dei sali minerali aiuta a rafforzare il glutine e contribuisce alla crescita dei lieviti.

Infatti, le acque dolci, a causa della scarsità dei sali minerali, rendono l'impasto molle e appiccicoso, non agendo sul rafforzamento del glutine; al contrario, acque eccessivamente dure possono irrigidire in modo eccessivo la maglia glutina che, conseguentemente, perderà elasticità e quindi la sua capacità di espandersi sotto l'azione dei gas di lievitazione

Olio.

Ed eccoci al terzo ingrediente per quantità che contribuisce nella formazione dell'impasto. Definiamo prima di tutto la caratteristica fondamentale che differenzia gli oli di oliva. L'olio Extra Vergine d'Oliva, chiamato anche EVO, è ricavato dalla prima spremitura meccanica delle olive, mentre l'olio d'oliva, è ottenuto dalle successive spremiture, con a volte l'aggiunta di altri oli vegetali. Viene da se che il tipo di olio da preferire tra i due sia quello extra vergine, perché puro e ancora pieno di sostanze molto importanti per il nostro organismo tra

cui i polifenoli, che svolgono un'azione antibatterica, antivirale e antiossidante. Nel caso in cui però, stai progettando di creare un prodotto da vendere, tieni conto anche del costo, siccome è l'ingrediente più costoso della ricetta, e cambia in modo sostanziale il sapore finale dell'impasto nel solo caso in cui ne sia utilizzato molto. Perché il suo gusto sia percepibile, la percentuale deve essere almeno del 2% con valore ottimale tra il 2 e il 5% sul peso della farina. L'olio d'oliva aggiunto all'impasto svolge diverse funzioni, ad esempio lo rende più omogeneo e contribuisce alla formazione filamentosa del glutine, partecipando a rendere l'impasto più elastico e resistente durante la lievitazione. Devo però ricordarti che le sostanze grasse tendono a rallentare l'azione dei lieviti nell'impasto. Nonostante ciò io consiglio di aggiungere l'olio nell'impasto prima del sale, nel caso in cui si stesse impastando a mano, in modo da essere sicuri che sia assorbito completamente. Altrimenti, se stai usando l'impastatrice, può essere tranquillamente aggiunto alla fine. Sembrerà inizialmente che l'impasto si smonti, ma non temere, ritroverà presto la sua forma.
Infine, tante persone sostengono che l'olio non va messo, io penso sia molto soggettivo.

Lievito.

Come abbiamo visto in precedenza la lievitazione è un inseme di processi chimici, che avvengono nel nostro impasto, grazie all'aggiunta di lievito all'interno di esso. In commercio come sappiamo, ci sono diversi tipi di lievito; una prima distinzione va fatta tra i lieviti adatti alla panificazione e quelli adatti alla preparazione di dolci. Poi bisogna distinguere i lieviti naturali e quelli chimici. Ovviamente noi ci focalizzeremo sui lieviti adatti alla panificazione che sono: lievito madre, lievito di birra fresco e lievito di birra secco. Tutte le tipologie di lievito sono caratterizzate dalla capacità di aumentare il volume di un impasto grazie alla produzione di anidride carbonica.

<u>Lievito di birra fresco.</u> Il lievito di birra è un fungo microscopico, chiamato Saccharomyces cerevisiae, coltivato su uno strato di orzo germogliato, su cui si formano colonie che, al termine del processo di crescita, vengono separate dal substrato, lavate ed eventualmente essiccate ad un temperatura non superiore a 40°C. La caratteristica che lo la reso secondo molti "insostituibile" è dovuta all'elevata velocità di lievitazione che conferisce all'impasto. In Italia è la tipologia di lievito più diffuso e quella che le pizzerie italiane prediligono. E' perciò molto importante saperlo dosare ed usare correttamente, non

dimenticandosi della fase della maturazione, che spesso viene lasciata da parte a causa della veloce lievitazione che è possibile ottenere. In linea generale, un impasto che contiene una percentuale importante di lievito (maggiore del 5% rispetto alla quantità di farina) è pronto anche solo dopo qualche ora e solitamente la fase della lievitazione si considera conclusa quando l'impasto ha raddoppiato il proprio volume.

Il lievito di birra fresco è normalmente conservato all'interno del frigorifero a 4 C°; per capire se è ancora fresco, una volta spezzato deve essere asciutto, o frantumandolo deve sbriciolarsi. Al contrario, una volta vecchio diventa umido e appiccicoso. Nel caso in cui si voglia conservarlo alcune settimane, una buona abitudine è di metterlo in frigo all'interno di un barattolo ermetico, in modo da essere protetto dall'aria. Può essere anche avvolto in carta o in un panno ben chiuso permettendo in entrambi i casi, un minimo di traspirazione.

Per utilizzare il lievito di birra nella maniera ottimale, consiglio di sbriciolarlo e scioglierlo in acqua, e in seguito di andare a immettere gli ingredienti restanti.

Per quanto riguarda la quantità da utilizzare, bisogna tener presente che la quantità di lievito deve diminuire al crescere della quantità di acqua e farina utilizzata. Ad esempio se su 1L di acqua si utilizzano 5 gr di lievito, su 5

L di acqua non si useranno 15 gr di lievito ma circa 10gr. Di conseguenza, la quantità di lievito impiegata è men che proporzionale alla quantità d'impasto preparato. Ovviamente questo vale anche per gli altri tipi di lievito.

<u>Lievito secco in polvere.</u> Questo lievito non è altro che la versione disidratata del lievito di birra fresco che abbiamo appena visto. Si trova in commercio in piccole buste e può durare per molto tempo, quindi è il più raccomandato in caso di lunghi viaggi; metti caso che vai in Nepal e vuoi condividere le tue conoscenze sulla panificazione ma non sei sicuro di trovare il lievito fresco! Consiglio di scioglierlo in poca acqua tiepida in modo da essere sicuro di averlo attivato, una volta fatto ciò il procedimento di utilizzo, i tempi e i risultati sono molto simili a quelli previsti per il lievito fresco. La conversione da lievito secco a fresco è 1/3. Questo è dovuto al fatto che il lievito secco è stato privato del peso dei liquidi nella fase della disidratazione, quindi ad esempio, in una ricetta contenente 12 grammi di lievito di birra fresco, esso potrà essere sostituito con 4 gr del lievito disidratato.

<u>Lievito madre.</u> La pasta madre, o lievito madre, è un impasto fermentato in cui si sviluppano fermenti lattici e batteri che favoriscono la lievitazione naturale, ed è utilizzato da secoli nella panificazione casalinga. Similmente alla pasta da riporto, una volta, nei paesi

italiani la pasta madre era conservata gelosamente dalla fornaia che la manteneva in vita con gli opportuni rinfreschi e la redistribuiva alle famiglie che settimanalmente facevano il pane in casa. Questo fermento era molto usato prima dell'arrivo del lievito di birra, ma oggi si può dire che è utilizzato quasi esclusivamente per la panificazione casalinga, o per la produzione di pane in qualche panetteria tradizionale.

Spesso si sente parlare di lieviti antichissimi, anche di 160 anni, tramandati di generazione in generazione. Sono quasi venerati, ma è sul serio meritata tutta questa devozione? In realtà no. Dire che un lievito madre ha 160 anni è come dire che gli abitanti di Roma sono signori anziani di quasi 2800 anni perché la città è stata fondata nel 753 A.C. La composizione del lievito è in continuo cambiamento, in quanto necessita di continui rinfreschi e dipende da variabili, come temperatura ambiente e farina utilizzata.

Ma non voglio sembrare insensibile, di certo maneggiare un lievito il cui antenato era utilizzato dai nostri avi ha un qualcosa di magico!

Passando alla parte pratica, questo tipo di lievito può essere gestito in due modi: duro o liquido. Se è duro, è chiamato pasta madre, mentre se liquido, è chiamato li.co.li. In realtà, non ci sono molte differenze se non per le modalità di rinfresco e le quantità di utilizzo. Diciamo che dipende un po' dalle preferenze del suo gestore, ma in linea di massima il lievito di birra duro è considerato più performante.

Questo lievito nonostante abbia moltissimi aspetti positivi non è utilizzato da molti perché possiede un antipatico aspetto negativo che però, con un po' di dedizione, può essere facilmente superato. Esso consiste nella sua gestione, e soprattutto dall'esigenza di rinfreschi cadenzati. La pasta madre solida necessita rinfreschi ogni 2/3 giorni, mentre la pasta madre liquida anche ogni 5/7.

Nonostante questo spinoso particolare, la pasta madre regala al prodotto finito tutti i pregi che si possono avere in un prodotto di panificazione: esalta profumi e sapori, vi aggiunge il un mix di gusto "lattico" e un pochino di quello "acetico" ed aumenta a dismisura la shelf-life, la vita stessa del prodotto, ostacolando la retrogradazione degli amidi, ai quali è dovuto il rinsecchimento della mollica. La pasta madre è particolarmente indicata per la preparazione di lievitati come pane, focacce, pizze e altre ricette dolci con lievitazione complessa come il panettone.

Al giorno d'oggi, per poter utilizzare la pasta madre, è possibile cimentarsi nella sua preparazione casalinga oppure riceverla in dono da qualcuno che già la possiede.

Ti è venuta un po' di curiosità sulla creazione di questo lievito? Bè è difficile trattenere la tentazione di volerne uno tutto per se. Per questo motivo ho deciso di seguirti passo per passo per creare insieme l'innesco. La mia ricetta preferita prevede, oltre l'utilizzo di farina e acqua, anche l'aggiunta di uva passa, che ha la funzione di starter, o partenza accelerata, per lievito naturale. L'innesco è quindi creato con i seguenti ingredienti:

- 40g di uva passa
- 130gr di acqua
- 120g di farina Manitoba
- 30g di farina debole

Ed eccoci ai passaggi da seguire: pulisci l'uvetta da polvere e paraffine tramite lavaggio in acqua calda. Metti l'uvetta in una ciotola con la quantità di acqua richiesta dalla ricetta e lasciala a bagno per 20 minuti, dopodiché frullala con un frullatore a immersione. Aggiungi la farina all'uvetta, lavora un minuto l'impasto ed ecco pronto lo starter. Potrebbe essere necessario variare leggermente la quantità di farina, secondo la capacità della stessa di assorbire acqua. Metti il tuo starter in un barattolo di vetro con una garza come tappo, e chiudilo tramite un elastico. Trascorse 48 ore, si iniziano i rinfreschi che dureranno fino alla maturazione della nostra pasta madre e quindi 1 mese circa. I rinfreschi devono essere composti da lievito madre, avente lo stesso peso di farina e 50% d'acqua sul peso della farina. Quindi per esempio si prendono 100 gr di lievito madre, si scioglie in 50 ml (o grammi, per semplicità) di acqua tiepida, e si aggiungono 100 gr di farina, possibilmente forte. Con il passare dei giorni, il lievito acquisirà forza e potrai usare il 100% di farina Manitoba per i rinfreschi. Si lavora sull'impasto in modo da farlo diventare liscio e compatto. Per conferire ulteriore forza allo stesso, una volta rinfrescato, lo si può stendere con il mattarello, riarrotolarlo su se stesso, ripetendo questa operazione per più volte, dopodiché si potrà riposizionarlo nel suo barattolo. Il contenitore va messo a temperatura ambiente e chiuso non ermeticamente, in modo da permettere la fuoriuscita all'anidride carbonica, creata durante il processo di lievitazione.

Importante, ricordati che la dimensione del barattolo deve poter contenere lo sviluppo del volume del lievito. Dovrai andare a ripetere l'operazione di rinfresco ogni 24/48 ore, per 31 giorni. Ovviamente, durante la fase di rinfresco, dovrai andare a buttare una parte del lievito madre, andando a togliere la parte superiore, che sarà quella piu asciutta. Andrai così tenere 50/60 di lievito madre, e andrai ad aggiungere la metà di questo peso in acqua, e lo stesso peso di farina. Non sarà necessario rinfrescare una grande quantità di lievito nè in questa fase, nè per i rinfreschi successivi, in questo modo non andrai a sprecare molta farina inutilmente. Passati 30 giorni dalla sua creazione si andrà a fare l'ultimo rinfresco e d'ora in poi il lievito potrà essere messo in frigo.

Prima di essere utilizzato per la prima volta il lievito ha bisogno di un bagnetto. Ebbene sì, il lievito è come un bambino che richiede attenzione! Il bagnetto consiste nel inserire il lievito madre in acqua e zucchero. Non c'è una particolare proporzione, ne basta anche poco. Quello che succede durante quest'operazione è che i microrganismi antagonisti si staccano dal lievito e vanno a nutrirsi degli zuccheri presenti nell'acqua, il risultato che si ottiene è un lievito puro. Quest'operazione è molto utile da ripetere quando, ad esempio, ci si è dimenticati o non si è potuto rinfrescare il lievito per qualche giorno e il risultato è una acidificazione dello stesso. Il bagnetto permette di ritrovare quel profumo lattico originale dell'impasto fermentato. Una volta che si è fatto il bagnetto, si può procedere al rinfresco del lievito. Ed ecco creato il nostro lievito madre casalingo!

Questa creazione potrebbe sembrare un po' macchinosa, e senz'altro lunga, ma ti assicuro che il lievito madre sa dare tante soddisfazioni in cambio. Inoltre con il passare del tempo diventerà sempre più forte e la passione per la panificazione potrà solo che aumentare!

Quando si vuole usare il lievito madre in una ricetta, la proporzione che necessita rispetto alla farina prevista varia da 1/3 a 1/10. Questo dipende dalla forza del lievito e dal tempo di lievitazione finale che si vuole ottenere. Prima di utilizzarlo consiglio sempre di fare un rinfresco il giorno prima, non andando però a buttare nessuna parte di lievito, con lo scopo di averne di più a disposizione per la preparazione. Lascerai il lievito in frigo come al solito ed eventualmente, se noti che presenta ancora un tono troppo acido, potrai effettuare un altro rinfresco qualche ora prima dell'impastamento, in modo da dare il tempo ai batteri di iniziare a svilupparsi omogeneamente nel nuovo impasto. Come dicevo prima, nel caso in cui il lievito non fosse rinfrescato da più giorni e/o fosse troppo acido, consiglio di farci un bagnetto con acqua e zucchero. Dopo di ciò il lievito sarà profumato, garantito!

Per avere un buon risultato con il lievito madre ci vuole esperienza, passione e soprattutto pazienza, ma sono sicuro che sarà ripagata dalla qualità, bontà e soprattutto unicità del prodotto!

Sale.

Un altro ingrediente fondamentale per la preparazione della pizza è il sale. Il sale, chiamato anche cloruro di sodio (NaCl), è una molecola composta da un atomo di sodio e da una di cloro.

La funzione del sale che sicuramente conoscerai è che dà sapidità all'impasto, accentuandone il gusto, ma non è finita qui: questo ingrediente è importantissimo per svariati motivi.

Il sale, tra le sue innumerevoli proprietà, è considerato un'antimuffa, ciò vuol dire che impedisce la proliferazione di batteri, e di conseguenza il deterioramento dell'impasto. Inoltre, grazie alla sua capacità di assorbire l'acqua, l'impasto è risulta meno appiccicoso e più elastico.

Infine, il sale ha un'azione positiva sulle proteine della farina, rendendo maglia glutinica più resistente.

Ma cosa succederebbe se ti dimenticassi di mettere il sale in una ricetta che lo prevede?

Beh, ovviamente il prodotto finale sarà insipido e avrà una forma larga e piatta, un carente sviluppo del volume di lievitazione e una crosta chiara. La forma piatta e larga è dovuta al fatto che l'impasto risulta colloso durante l'impastatura, mentre la crosta chiara è dovuta ad una fermentazione eccessiva.

Se messo in grandi quantità nell'impasto può rallentare la lievitazione, infatti, un impasto senza sale gonfierebbe molto più in fretta, tanto è vero che in luoghi eccessivamente caldi e umidi si tende a usare più sale per cercare di rallentare la lievitazione.

In linea generale posso dire che la quantità di sale per una giusta sapidità, deve aggirarsi al 2% sul totale della farina, e in generale, è compresa tra l'1,6 e il 2,5%. In queste percentuali il sale conferisce all'impasto un sapore gradevole e controlla la velocità di fermentazione, rallentandola.

E quindi magari ti starai chiedendo quando si dovrebbe aggiungere il sale nell'impasto?

Se stai preparando la pizza con una farina debole, potresti anche aggiungerlo insieme alla farina, all'inizio, questo favorirà l'ottenimento di un impasto più tenace, con la formazione di una maglia glutinica ben sviluppata. Se invece stai usando una farina forte, il sale va sempre aggiunto in un secondo momento. Nel caso in cui stessi creando un impasto molto idratato, aggiungi il sale alla fine.

Zuccheri.

Il processo di lievitazione abbiamo visto che non è altro che l'azione che i lieviti hanno sull'impasto, infatti essi andandosi a nutrire di zuccheri, rilasciano, come prodotti di scarto, alcool etilico e anidride carbonica, elemento che determina il rigonfiamento dell'impasto. Detto ciò, dobbiamo per forza aggiungere zucchero a qualsiasi impasto che richieda una lievitazione? Ovviamente la risposta è no, poiché principalmente gli zuccheri complessi di cui parlo si trovano nella farina, sotto forma di amido. Detto ciò, tanta gente, per cercare di ottenere una buona lievitazione, aggiunge il classico zucchero semolato all'impasto pensando di migliorare la lievitazione e le qualità organolettiche dell'impasto; a livello professionale invece viene aggiunto il malto, che non è altro che chicchi di orzo macerati in acqua, esiccati e macinati. Questo ingrediente è una valida alternativa allo zucchero semolato. Il malto ha un colore e consistenza che è simile al miele di castagno, sebbene se ne trovino anche di più chiari, in base al tipo di processo di preparazione. Il malto ha il ruolo di favorire la reazione che trasforma l'amido in glucosio e, di conseguenza, la lievitazione diventa più incisiva e stabile per più tempo. Inoltre, conferisce al prodotto finito un colore più scuro e casareccio, oltre a donare una maggiore digeribilità, croccantezza, e friabilità, conferendo al prodotto un gusto più naturale e tipico.

Infine, un ulteriore vantaggio dell'utilizzo del malto è quello di aiutare a correggere la risposta nell'impasto a farine deboli, con scarso contenuto di proteine.

1.3 La creazione dell'impasto

Questa prima fase ha molto a che fare con il comportamento chimico degli elementi, e quindi, durante la creazione dell'impasto, dobbiamo aver presente alcuni dettagli, in modo da non avere problemi nelle fasi successive di lievitazione, stesura e cottura della pizza. Ci sono molti metodi e tecniche per la realizzazione dell'impasto, infatti non ce n'è uno perfetto, sta a te scegliere quello che preferisci, ma non focalizzarti solo su una tecnica, anzi, cerca di migliorarti sempre di più continuando a fare prove fino a trovare la tua metodologia preferita.

A volte, le persone che si affacciano per la prima volta in questo mondo, pensano che il trucco per una pizza perfetta stia esclusivamente nel trovare la ricetta perfetta; ma spesso il prodotto finito non è per nulla simile alla foto della ricetta e pensano che la colpa non sia loro ma di chi la ha scritta, "devono per forza aver sbagliato qualcosa, ho seguito tutti i passaggi!". Come scopriremo in seguito ci sono moltissime variabili da affrontare che ti faranno capire che non esiste la ricetta magica, bensì solo l'esperienza e la pratica ti permetteranno di ottenere una fantastica pizza.

Un elemento di fondamentale importanza è la temperatura degli ingredienti usati nella fase di impasto. Il risultato dell'assemblamento degli stessi, dovrà tramutarsi in un impasto con temperatura ottimale, in modo che la lievitazione possa partire fin da subito, senza causare successivi problemi. Ovviamente l'ingrediente col quale potremo giocare a nostro piacimento e nel modo più semplice possibile per bilanciare la temperatura totale dell'impasto è l'acqua. Detto questo, come faccio a sapere quale sia la corretta temperatura da usare? Come abbiamo già visto è molto importante che l'impasto abbia una temperatura di circa 24°C in modo che la lievitazione si sviluppi correttamente.

L'acqua però non è l'unico elemento ad incedere sulla temperatura totale dell'impasto, ma concorre solo per il 33%. La restante percentuale d'influenza è dettata dalla temperatura della farina e dell'ambiente, e cioè la temperatura del locale dove realizziamo il nostro impasto. Come puoi ben immaginare, tra estate e inverno si possono avere anche 10°C di differenza e questo fattore deve essere tenuto da conto nel calcolo della temperatura dell'acqua.

Detto ciò dovrai fare in modo che in qualsiasi stagione dell'anno tu ti trovi, la temperatura totale dell'impasto sia sempre la stessa, e per fare ciò ti puoi aiutare con una buona regola empirica, la cosiddetta regola del 54.

Questa regola ci dice che la somma della temperatura ambiente, della temperatura della farina (che convenzionalmente si considera uguale alla temperatura ambiente - 1°C) e della temperatura dell'acqua dovrà darci il valore 54.

Facciamo un esempio pratico: se la temperatura ambiente è di 20°C, allora l'acqua da usare dovrà essere di 14°C (perché 20 + 20-1 + 15 = 54); se invece abbiamo 25°C come temperatura ambiente, allora l'acqua dovrà essere intorno ai 5°.

Un altro aspetto che spesso non viene considerato è l'innalzamento della temperatura dell'impasto in fase di impastamento. Infatti, il movimento meccanico dell'impastatrice, nonché la temperatura delle mani in caso di impastamento a mano, comportano un innalzamento di importanti parametri tra cui la temperatura e la quantità di ossigeno nell'impasto, aumentando entrambi.

I metodi che permettono di alzare in maniera minima la temperatura generale sono la lavorazione a mano e quella con l'impastatrice a braccia tuffanti, che permettono un rialzamento della temperatura finale dell'impasto che va da 1 a 3 °C, mentre quello che dà in assoluto un aumento maggiore di temperatura, che oscilla tra 9 e 11°C è l'impastatura tramite spirale. Un simile aumento di temperatura occorre nel caso in cui stessimo usando la planetaria con il gancio, ma questo di solito è un elettrodomestico più casalingo o comunque più adatto per altre preparazioni o impasti. Una via di mezzo è data dall'impasto con la forcella, che contribuisce a un innalzamento tra i 3 e i 6°C. È inoltre utile ricordare che la forza complessiva della maglia glutinica sarà molto superiore se la fase di impasto verrà effettuata tramite un'impastatrice, rispetto all'impastamento a mano.

Un altro errore da evitare, che tra le altre cose è il più comune, è quello di inserire il sale a diretto contatto con il lievito, poiché andremo a bloccare la lievitazione, a causa della cottura dei lieviti da parte del sale.

Durante l'impastamento, il segreto per la creazione dell'impasto perfetto sta nel continuare la lavorazione fino a trovare il fatidico "punto pasta", in altre parole il punto massimo di elasticità dell'impasto, senza però arrivare a rovinare, o addirittura rompere, la maglia glutinica. Purtroppo è un fattore variabile, dipendente dall'idratazione e dalla qualità degli ingredienti usati, e non può essere reso standard. Il punto pasta è importante perché dà un'indicazione di elasticità e della completa formazione della maglia glutinica.

Per capire se abbiamo raggiunto il suddetto punto pasta, andremo a prelevare un pezzo di pasta dalla massa una volta che questa risulterà liscia senza grumi; andremo ad allungarlo con le mani e, se si allungherà senza strapparsi e continuando a rimanere liscio, allora avremo raggiunto il risultato. Se il risultato non è stato raggiunto, basterà continuare a impastare, ricordandosi che è molto importante non eccedere con i tempi di impastamento, in modo da non rovinare la maglia glutinica. Infatti, il problema più comune che può essere riscontrato con un impasto troppo lavorato è che durante la lievitazione, inizierà a deformarsi, perdendo inesorabilmente la forma iniziale datagli. Purtroppo anche questo parametro viene sviluppato con l'aumentare dell'esperienza, e quindi da una sviluppata sensibilità della mano alla giusta umidità dell'impasto da ottenere, attraverso la decisione delle tempistiche di lavorazione. Del resto, cosa c'è di meglio che provare fino a ottenere i risultati tanto ricercati?

Quello che dovrai raggiungere al termine del processo d'impastamento sarà un impasto liscio, compatto, non troppo umido e appiccicoso, plastico che non si strappi con facilità, ma si riesca a modellare.

I capitoli 6 e 7 sono interamente incentrati sulla parte pratica. In questo modo nella prima parte del libro ti riesco a dare delle basi pseudo teoriche, mentre più avanti potrai trovare scritti tutti i passaggi, e potrai consultarli a tuo piacimento fino a quando non diventeranno automatici, senza perderti tra tante parole sulla teoria dell'impasto.

1.4 L'autolisi

La creazione dell'impasto può iniziare con un procedimento opzionale chiamato autolisi. Questa fase iniziale serve a far iniziare la maturazione dell'impasto e la formazione della maglia glutinica, oltre che ad agevolare l'assorbimento dell'acqua, la conservabilità, la digeribilità nonché ad esaltare i profumi del prodotto finito. Può essere preparata in precedenza alla creazione di un impasto. È una tecnica che è stata sviluppata dal francese Calvel che consente di sfruttare l'autoevoluzione del glutine. Si sviluppa in tre fasi: miscelazione iniziale di farina e il 55% di acqua prevista dalla ricetta, il riposo dell'impasto che va da 20 minuti fino a 24 ore (sopra le 5/6 ore consiglio di mettere l'impasto in frigo, usare meno acqua e aggiungere un pizzico di sale, in modo da rallentare la fermentazione) ed infine la preparazione dell'impasto finale, aggiungendo gli ingredienti mancanti.

Mi sento però di dire che questa tecnica ha senso solo in determinate situazioni. La situazione nella quale è molto utile è nel caso si utilizzino di farine deboli, infatti questa tecnica aiuta a contrastare la presenza di poche proteine. Bada bene che ogni aggiunta al procedimento base per la creazione di un impasto aumenta il numero di variabili in gioco, rendendo il processo difficilmente ripetibile.

Riscatta il tuo
BONUS

Ciao!

Scusa l'interruzione, spero con tutto il cuore che il libro ti stia piacendo.

Volevo dirti che con l'acquisto di questo di "Il manuale della pizza" hai l'accesso a un mio riassunto delle tempistiche di lievitazione; queste tempistiche vanno bene sia per la pizza sia per ogni altro prodotto da forno come focaccia o pane.

Inoltre troverai anche il calcolo della temperatura giusta dell'acqua da usare secondo la temperatura ambiente e il metodo di impastamento.

Ho creato questo foglio perché so che spesso capire la lievitazione è il punto debole per chi si avvicina all'arte bianca; Si tratta di un pdf, lo puoi stampare o tenerlo sul tuo telefono sempre a portata di mano.

Ti basterà inquadrare il QRcode sottostante con la fotocamera del tuo cellulare e seguire le istruzioni!

Inoltre ho fatto una ricerca per spiegarti ancora meglio alcuni passaggi pratici, ad esempio come formare le palline e come aprirle, e per mostrateli, ti invierò qualche video tramite e-mail.

Ed ora riprendiamo da dove eravamo rimasti!

Capitolo 2
La Lievitazione

2.1 Capire la lievitazione

Panificare significa immergersi in un mondo immenso, eterogeneo, bellissimo e personalizzabile. Esistono infiniti modi di combinare farina, acqua, lievito olio e sale, con risultati che dipendono da un numero illimitato di variabili. Ma se una simile entropia genera nel nerd eccitazione e adrenalina, porta con sé anche confusione, incomprensioni e frustrazione.

Iniziamo considerando la lievitazione, l'inizio di tutto.

Creare l'impasto della pizza è un po' come dare vita a farina e acqua. Noi trasmettiamo la vita attraverso il lievito. Come abbiamo visto in precedenza, esso è composto da funghi monocellulari, facilmente staccabili l'uno dall'altro e quindi ben adattati alla propagazione nei liquidi.

Il lievito serve quindi a innescare il processo di lievitazione dell'impasto, in altre parole a trasformare gli zuccheri in glucosio, alcool e anidride carbonica. Essi producono principalmente anidride carbonica e altri elementi che dipendono dalla tipologia del lievito.

Affinché il lievito possa attivare la fermentazione dell'impasto, è necessaria la presenza di determinati elementi e condizioni ottimali, come la giusta temperatura e la presenza di ossigeno zuccheri e acqua. Come dicevamo, l'impasto deve essere posto a una temperatura che faciliti la moltiplicazione dei lieviti; essi generalmente producono una fermentazione ottimale intorno ai 24/26°C. In secondo luogo, l'impasto deve essere posto in condizioni aerobiche in modo che i microrganismi si possano nutrire di ossigeno e quindi moltiplicarsi, fino a dare inizio alla fermentazione una volta finito l'ossigeno. Infine, ulteriori condizioni necessarie sono la presenza di zuccheri, per garantire il nutrimento dei lieviti, e acqua, per mantenere la loro ideale idratazione.

Come abbiamo visto, già i nostri antenati avevano capito l'importanza della lievitazione, poiché la decomposizione di strutture complesse in più semplici rende l'alimento cotto più facile da digerire. Ma questo non è l'unico aspetto positivo, perché una buona lievitazione rende più leggero il prodotto finito e rinforza gli aromi.

Questa leggerezza è dovuta alla formazione ed emissione di anidride carbonica che, non potendo uscire dall'impasto poiché è intrappolata dalla maglia glutinica, permette il formarsi della struttura alveolata tipica dei prodotti di panificazione. Nonostante i lieviti non sopravvivano alle alte temperature, la struttura interna si stabilizza dopo la cottura.

Infine, una caratteristica molto importante da tenere conto quando si sceglie il lievito è il gusto del prodotto finito che si vuole ottenere, infatti, ogni lievito ha le sue caratteristiche. Parlando della scelta dell'impasto, nel capitolo 1, abbiamo accennato la fermentazione lattica e acida. Avremo una prevalenza di fermentazione lattica nel caso in cui andassimo a utilizzare il lievito madre. L'effetto dell'acido lattico si riflette su caratteristiche organolettiche migliori, in una maglia glutinica più elastica e un prodotto finito con gusto e profumo migliore. Mentre se andassimo a utilizzare il lievito di birra non ci sarebbero particolari aromi finali, e il prodotto deperirebbe molto velocemente.

2.2 Le fasi della lievitazione

Come abbiamo visto, durante la creazione dell'impasto, tutti gli ingredienti vengono mischiati insieme con l'intento di creare un impasto, lisco e omogeneo. La fase successiva invece, quella della lievitazione si contraddistigue dalla precedente perchè più statica, dove dovremo per prima cosa fare rilassare l'impasto, ed è proprio in questa fase che il processo della lievitazione ha inizio.

La lievitazione si divide principalmente in tre parti: la puntata, che consiste nel far rilassare l'impasto durante il quale avviene la prima lievitazione dell'impasto; lo staglio, o formatura, dove si andrà a dividere e formare l'impasto nel peso e forma desiderata ed infine l'appretto, la seconda lievitazione prima della cottura.

2.2.1 La puntata

Il primo riposo dell'impasto è chiamato puntata, esso dà inizio alla lievitazione, e viene eseguito prima di dividere la pasta in panetti con dimensioni in accordo con le caratteristiche della pizza che si vuole creare. Questa fase serve principalmente a far si che gli ingredienti dell'impasto siano assorbiti in modo omogeneo. Complessivamente, più la puntata è lunga più il prodotto finale risulterà con alveoli sviluppati; inoltre ci sarà una maggiore probabilità di raggiungere la maturazione in concomitanza con la lievitazione. La puntata quindi dipenderà sia dal tempo di lievitazione che hai a disposizione, sia dalle caratteristiche della farina che hai scelto; maggiori proteine presenti nella farina, maggiore forza e resistenza nel tempo. Se decidessi di saltare la puntata, il risultato sarebbe un impasto appiccicoso, poco elastico, molto difficile lavorare nelle fasi di staglio e stesura, e una volta cotte, le pizze avrebbero un cornicione piatto.

Ovviamente, la lunghezza della puntata deve essere proporzionata al totale delle ore di lievitazione, quindi nel caso di un impasto diretto veloce con 3/4 ore di lievitazione, potrai eseguire una puntata veloce, di circa mezz'ora. Mentre, una puntata nel caso di un impasto indiretto può durare anche diverse ore. In linea generale, la durata della puntata, considerando una lievitazione totale a temperatura ambiente, dovrebbe aggirarsi tra 1/4 - 1/6 del corso totale della lievitazione.

Per lunghe lievitazioni è possibile eseguire questa fase in frigo a 4° C. Infine, ci sono impasti che richiedono 72 ore di puntata, ma qui parliamo di livelli pro!

2.2.2 Lo staglio

Una volta terminata la puntata, si andranno a formare i panetti, cioè si andrà a staccare dalla massa totale il giusto peso d'impasto necessario a formare una pizza, dopodiché si plasmerà la cosiddetta pallina, che sarà pronta per la seconda lievitazione.

La massa, essendo andata incontro alla prima fase di lievitazione per almeno una ventina di minuti, -mi raccomando!- risulterà rilassata e facile da lavorare e quindi pronta per la fase di staglio.

Questo stage serve per porzionare l'impasto, dargli forza, orientare e rigenerare il glutine. In questo modo l'impasto manterrà un'elevata forza, addatta a intrappolare al suo interno i gas prodotti durante la prima lievitazione, la puntata, e di conseguenza, poter essere maneggiato facilmente in fase di stesura.

Inoltre, l'elasticità dell'impasto può essere aumentata anche rilavorando più volte la pallina, e quindi semplicemente riandando a formare la stessa una volta che la seconda lievitazione si è attivata.

Ma come dividi l'impasto e quale peso è necessario per creare una pizza? La risposta più ovvia è che dipende da che prodotto vuoi ottenere.

Se volessi creare palline che servono all'esecuzione di una pizza classica di tipo romana -nel corso del libro intenderò per pizza romana una pizza rotonda con bordi bassi- dovrai suddividere l'impasto in panetti da 180/200 g, mentre se il tuo intento è creare un prodotto simile alla pizza napoletana -che identificherò approssimativamente (non me ne vogliano i napoletani!) come pizza rotonda con bordi alti-, dovrai formare palline di peso compreso tra i 200 fino ai 280 gr.

Ovviamente non esistono solo queste due tipologie di pizza, infatti, soprattutto se cucini in casa, è da tenere in considerazione anche la pizza in teglia. Ho scritto una sezione dedicata interamente a questo genere di pizza, ti aspetta più avanti, al capitolo 7.

Qualsiasi prodotto tu scelga di fare, ci sono diverse criticità nella fase dello staglio che potrebbero portare a diversi errori e concludere con una lievitazione disomogenea e quindi un prodotto, nel complesso, sbagliato.

Il primo possibile sbaglio riguarda il taglio dell'impasto; parlo di taglio e non di strappo o sfilacciatura, in quanto, se non fatto a modo con una spatola di metallo o uno strumento affilato, si andrebbe a rovinare il reticolo glutinico.

Quando si divide la massa, bisogna cercare di maneggiarla il meno possibile, tagliando il pezzo che sia più vicino possibile al peso desiderato, evitando di creare inutili pezzettini di pasta avanzata. Nel caso in cui dovessi fare dei rattoppi, la cosa importante è inserire il pezzettino di pasta mancante al centro del pezzo di pasta più grosso, in questo modo, quando andrai a chiudere la massa, l'aggiunta di pasta verrà inglobata senza risultare in un problema di lievitazione nei successivi passaggi.

Secondo errore comune è quello di non creare palline dello stesso peso o con la stessa metodicità. A volte anche il cambio di manualità, dovuta a un differente pizzaiolo, fa si che si abbiano delle differenze in termini di lievitazione, stesura e cottura del risultato finale.

Qualsiasi metodo andrai a usare, il risultato che devi ottenere è una pallina compatta, priva di aria all'interno, con forma semisferica, avente la parte superiore liscia e omogenea, dove la pasta risulta ben tirata, e tutti i lembi di essa sono stati sigillati nella parte inferiore. Ricordati di controllare che effettivamente non ci sia rimasto il buco nella parte inferiore della pallina!

Il segreto mentre si forma la pallina, è quello di non tenerla troppo tra le mani, poiché si andrebbe a surriscaldare e si tenderebbe a rovinare la maglia glutinica ed a stressare inutilmente l'impasto. È necessario adottare pochi, energici e sempre e uguali movimenti per questa fase di formatura del pallina, in modo di avere una massa omogenea, che permetterà di ottenere una lievitazione altrettanto omogenea.

Inizialmente dovrai pesare ogni pallina, ma non ti preoccupare, l'intuizione di avere il giusto peso nelle mani arriva con la pratica e con il tempo diventa istintivo;

quindi in mancanza di esperienza la bilancia è un valido aiuto di cui non vergognarsi.

Una volta creati le palline, dovrai porle all'interno delle cassette di lievitazione se lavori in pizzeria, o in contenitori di plastica ermetici se stai facendo palline per pizza a casa, in modo che siano pronte e al riparo da spifferi per la fase successiva, l'appretto.

2.2.3 L'appretto

Questa fase consiste nel fare riposare i panetti, in modo che siano lievitati e maturati al punto giusto per essere stesi, conditi e infornati. L'appretto consente un ottimale rilassamento del glutine in concomitanza con una buona crescita di volume. Il motivo per cui l'intera lievitazione viene suddivisa in due fasi (puntata e appretto) è infatti quella di consentire alla pasta di maturare, senza però far totalmente rilassare il glutine.

Un passaggio in più potrebbe essere necessario se il tempo tra staglio e appretto è troppo lungo. In questo caso si vanno a eseguire delle pieghe *slap and fold* in modo da conferire una maggiore forza e struttura al panetto.

Le fasi che costituiscono la lievitazione sono importanti perché influiscono su diversi fattori come elasticità, aroma, digeribilità dell'impasto e uno sviluppo ottimale del cornicione della pizza.

Un aiuto per chi si affaccia su questo nuovo argomento arriva dal manuale della Pizza Napoletana, chiamato "Disciplinare". Esso ipotizza una lievitazione totale di 8 ore a una temperatura di 25°C. La lievitazione è composta da due fasi: una prima lievitazione di 2 ore e una seconda e ultima lievitazione di 6 ore. Tra questi due stage si formano i panetti.

Se vuoi iniziare con una base collaudata, questa è quella originale. Con il tempo sarai in grado di sbizzarrirti il più possibile grazie all'esperienza maturata.

Come abbiamo visto in precedenza, la lievitazione, e quindi di conseguenza anche l'appretto, dipendono da molti fattori, tra cui temperatura ambiente, quantità e tipologia di lievito usato. Un fattore molto importante, quando si tiene conto del processo di lievitazione, è il luogo dove si andrà a collocare l'impasto. In una pizzeria l'appretto si svolge in cassette di plastica che sovrapposte l'una sull'altra non lasciano passare l'aria, creando un ambiente umido e favorevole per la corretta lievitazione. Anticamente questa fase si eseguiva in cassette di legno chiuse e foderate di stracci asciutti. Lo straccio agisce da correttore di umidità trattenendola quando ce n'è troppa e rilasciandola quando viene a mancare. Questo metodo antico dà ottimi risultati. Oggi la praticità e i tempi che cambiano, permettono di usare cassette di plastica o involucri ben sigillati tramite pellicola trasparente.

A casa, invece, si possono utilizzare contenitori ermetici che siano in grado di contenere sia l'impasto sia il suo rigonfiamento. Lo scopo è di mantenere abbastanza spazio per la lievitazione e di evitare di far seccare la parte esterna dell'impasto. Quando la massa è a diretto contatto con l'aria, si secca, e si dice che "forma la pelle"; com'è abbastanza intuibile, la parte secca perde elasticità e di conseguenza non permette un buon rigonfiamento dell'impasto, né durante il tempo di lievitazione né durante la cottura, andando a creare non pochi problemi al prodotto finito.

E infine, parliamo brevemente di una delle variabili più importanti per quanto riguarda la durata dell'appretto. La temperatura, stavi pensando proprio a questo, vero? Bene, quindi di conseguenza essa dipende in buona parte anche dal clima e dal luogo geografico, dove l'impasto si trova. Per dare un'idea della differenza tra le possibili situazioni, basta pensare che una pizzeria situata a mille metri sul livello del mare, con un clima piuttosto secco, raggiunge risultati migliori se si usano cassette in plastica e una maturazione di 24 ore. Mentre, a parità di tipologia d'impasto, una pizzeria situata nei pressi di una palude con un clima afoso ha un miglior risultato con cassette di legno, magari coperte da stracci asciutti.

L'isolamento ermetico è comunque in linea generale l'habitat ideale dove la pasta deve lievitare.

Conseguentemente, un altro fattore importante da tenere in considerazione quando si va a posizionare i panetti nelle cassette di lievitazione, è la distanza da lasciare tra gli stessi. Volendo dare delle informazioni più precise, calcoliamo che il classico cassetto dove fare lievitare i panetti è di 60 x 40 cm. Esso può contenere 12 o 15 palline dal peso di 180 gr ciascuno. Essi devono essere distanziati di almeno 4/6 cm all'inizio della fase di lievitazione. Le porzioni d'impasto avranno raggiunto la lievitazione ottimale quando si troveranno a contatto l'uno all'altro. È quindi importante dare i giusti spazi di lievitazione alla pasta, ma allo stesso tempo non bisogna lasciare troppo spazio vuoto, poiché influirebbe in modo negativo sull'umidità dell'ambiente e la temperatura, che allo stesso tempo incidono e sono determinati dalla lievitazione stessa.

2.3 Il processo di maturazione

Questa fase è di fondamentale importanza da capire perché, se messa in pratica, renderà la pizza molto digeribile. Ti è mai successo di andare in pizzeria e avere sete per tutta la notte? Ecco, questo è il risultato di una mancata maturazione dell'impasto e noi non vogliamo far star male nessuno, vero?!

Come abbiamo già visto, la fase di lievitazione è caratterizzata dalla produzione di anidride carbonica che, aiutata dalla maglia glutinica, viene intrappolata all'interno dell'impasto, con un conseguente aumento di volume.

Contemporaneamente a questa fase, avviene un altro processo, importante tanto quanto quello di lievitazione: la maturazione. Questa fase però, purtroppo, non è altrettanto conosciuta e, a differenza della credenza popolare, può essere compiuta con tutte le tipologie di lievito. La maturazione è un insieme di processi che trasformano strutture più complesse come amidi, proteine e grassi, in elementi più semplici. Tuttavia per questo processo i tempi sono un po' più lunghi rispetto a quelli della lievitazione e, se il processo di maturazione non è portato a termine, sarà compito del nostro stomaco smantellare amidi e glutine, richiamando perciò la necessità di acqua per portare a compimento la scomposizione, provocando così una sensazione effettiva di sete e di pesantezza allo stomaco. Per questo motivo è importante calibrare bene le variabili tempo e temperatura. Il goal di ogni prodotto lievitato sarebbe quello di raggiungere la maturazione e la lievitazione ottimale allo stesso tempo. Ma com'è possibile se le farine hanno tempi di maturazione anche di 72 ore -a seconda della forza-, mentre la lievitazione ha tempi molto più brevi? Semplice, ci si aiuta barando! È possibile raggiungere la maturazione attraverso l'utilizzo del frigo e la giusta quantità di lievito da utilizzare. È bene ricordare che un buon punto di maturazione dell'impasto è raggiunto dopo almeno 24/30 ore di riposo, ma comunque il tempo minimo per poter parlare d'inizio maturazione è di 8 ore. Così, trascorso un numero di ore di riposo in frigo, che sono calcolate a seconda della forza della farina, si fa ripartire il processo di lievitazione riportando l'impasto a temperatura ambiente, e si potrà quindi infornare la pizza quando sia il processo di maturazione che quello di lievitazione saranno completi.

Capitolo 3
LA STESURA

Una volta che l'impasto ha raggiunto la lievitazione ottimale, siamo pronti a stendere la pizza. Il panetto al top della lievitazione deve risultare soffice ma compatto allo stesso tempo, con molta aria all'interno, e non collassato su se stesso; deve essere aumentato di volume sia in altezza che in larghezza.

In linea generale, in una lievitazione ottimale, le palline devono aver almeno raddoppiato il loro volume. Nel caso in cui ci accorgessimo che l'impasto presenta delle piccole bolle d'aria, significa che potrebbe aver lievitato troppo. Quello che andremo a fare in questo caso, per bloccare la lievitazione, sarà quello di mettere tempestivamente i panetti in cella frigo a 4°C. Occorrerà poi decidere quando tirarli fuori per dare la possibilità all'impasto di acclimatarsi.

Se invece notassimo che le palline non hanno raggiunto il doppio del volume iniziale, significa che sono indietro nel processo di lievitazione. In questo caso, potremmo posizionare le cassette di lievitazione in un ambiente più caldo, magari vicino al forno, perché il calore aiuta a velocizzare il processo. La lenta lievitazione potrebbe essere dovuta a una dose non sufficiente di lievito, a basse temperature in fase di puntata, all'uso di acqua troppo fredda nella fase iniziale dell'impasto, e via dicendo. Ogni punto che è stato trattato fino a qui potrebbe essere stato usato a favore o a sfavore della lievitazione. L'importante è fare tante prove fino a ottenere sufficiente esperienza per capire cosa si può migliorare e soprattutto, come.

Ed eccoci, quindi, al nostro impasto lievitato pronto alla fase successiva: la stesura.

Ci troviamo di fronte a un'ulteriore scelta da fare: come aprire la pizza? A mano, come vuole la tradizione napoletana, oppure con il mattarello come vuole quella romana? La stesura della vera pizza napoletana, avviene rigorosamente a mano, ma se per qualsiasi necessità si voglia stendere la pallina con l'utilizzo del mattarello, dobbiamo calcolarlo all'origine, durante la creazione dell'impasto. Infatti, nel caso della pizza stesa a mano, si andrà a utilizzare la forza delle dita e quindi è consigliabile creare un impasto morbido, con alta idratazione, altrimenti ci faranno male le mani dopo la quinta pizza aperta! Viceversa, è importante creare un impasto più duro se si vuole aprire la pizza con il mattarello.

C'è da dire che in Italia, la maggior parte dei pizzaioli stende la pizza a mano, questa metodologia fa parte della tradizione, che viene tramandata da pizzaiolo in pizzaiolo, ma c'è da dire che in qualche pizzeria d'Italia, si preferisce sla stesura a mattarello, che renderà il prodotto finito più sottile e friabile, anche se, a mio parere, si va un po' a perdere quella magia che caratterizza l'apertura della pizza.

Un altro importante aspetto sul quale dobbiamo soffermarci è il tipo di pizza che vogliamo realizzare. Se volessimo creare una pizza con i bordi alti e sottile in mezzo, stile pizza napoletana, avremo bisogno di stenderla a mano, in modo da spostare tutti i gas accumulati durante la lievitazione verso il bordo. Questi gas saranno rilasciati durante la cottura, ma rimarranno parte inconfondibile per quanto riguarda il profumo e l'aroma finale della pizza. Se invece volessimo creare una pizza con uno spessore omogeneo, useremo il mattarello, con la consapevolezza che andremo a perdere parte dei gas derivati dal processo di lievitazione.

Per quanto riguarda la stesura a mano classica, il segreto è quello di dosare la forza che viene impressa nello stendere la pallina con movimenti ben distribuiti ed ossessivamente uguali. Inoltre, secondo la tenacità della farina usata, potremo permetterci di schiacciare l'impasto in modo diverso, infatti, una qualità migliore permetterà all'impasto di subire meno traumi durante l'allargamento, e contemporaneamente ad avere una stesura più veloce.

Al momento dell'apertura della pizza la difficoltà più grande è quella di riuscire a darle uno spessore uniforme, in quanto, se questo non dovesse avvenire, la cottura della pizza verrebbe in modo disomogeneo, con il risultato di avere aree più cotte o addirittura bruciate e aree crude. Ed è proprio la prima parte della stesura quella più critica in quanto, con pochi e semplici passi, dovremo riuscire a creare un disco di pasta il più rotondo possibile e con spessore omogeneo. Questo ci aiuterà enormemente nella seconda fase quando dovremo finire di allargare il disco. Ricordi il proverbio: chi ben comincia è alla metà dell'opera?

Se vuoi una spiegazione più in dettaglio della stesura dell'impasto, ho interamente dedicato una sezione nel capitolo 6, dove troverai una guida pratica sulla pizza professionale rotonda, dove ti spiegherò tutti i trucchi pratici del mestiere, e di conseguenza anche dell'apertura della pallina!

Vorrei terminare questo capitolo ricordandoti che manualità è la parola "chiave" in questa fase. Purtroppo non può essere ereditata o tramessa tramite un libro, ma si può sono acquisire attraverso l'esperienza e, perché no, passione.

Ricordo ancora quando, durante i miei primi mesi di lavoro, avevo il terrore di bucare la pizza durante la fase di apertura. Da questa paura è nata una mia invenzione; dopo aver aperto la pizza, si fa una croce al centro con una rotella, si arrotolano i quattro triangoli su se stessi fino ad arrivare al bordo creando un buco al centro... ed ecco la strana pizza con il buco, tipo ciambella! Sembrerà una ruota e sarà apprezzata da pochi perché mancherà la parte centrale, ma non mancherà di simpatia!

Comunque, sono certo che chiunque possa diventare bravo nell'aprire le pizze. Ricordo Christopher, un mio aiuto pizzaiolo in Francia, che quando l'ho conosciuto apriva le pizze solo con il mattarello, ma dopo una stagione di lavoro insieme, dopo solo 5 mesi, ha vinto a una gara di pizza acrobatica!

Un consiglio che mi sento di dare, è di guardare tante persone lavorare, non per forza devi andare nelle pizzerie a stalkerare i pizzaioli però! YouTube è una grande piattaforma piena d'idee e consigli utili.

Capitolo 4
Il Condimento

Nel caso in cui avessi scelto di leggere questo libro perché vuoi aprire una pizzeria tutta tua, un modo per valorizzare le pizze potrebbe essere quello di dare più scelte d'impasto ai clienti. Ovvio questo porterebbe a una preparazione del servizio molto piu' lunga, ma anche a una qualità maggiore di esperienza da parte della clientela.

La regola numero uno è che il condimento deve essere in sintonia con l'impasto.
Ad esempio, nel caso in cui si facesse un impasto integrale, la sola farcitura con passata di pomodoro e mozzarella non renderebbe giustizia all'impasto speciale scelto, a causa dell'acidità del pomodoro stesso. Quindi proprio in questo caso per pizze con farine poco raffinate

io ti consiglierei di preferire pizze bianche o con pomodoro fresco.

Ricordati che per avere un buon prodotto finale, il condimento deve essere composto da almeno 3 ingredienti: una crema, un ingrediente morbido e uno croccante.

La pizza più famosa, come abbiamo visto nel capitolo introduttivo, è la margherita ed è composta solamente da passata di pomodoro, mozzarella, qualche foglia di basilico e un filo di olio extra vergine opzionale ma consigliato!

Mentre, per ottenere la seconda pizza classica italiana, la pizza marinara, è necessario aggiungere aglio sminuzzato e origano sulla base di pomodoro, ed il gioco è fatto.

Vedi la tua pizza come se fosse il tuo quadro: il condimento e il colore andranno a valorizzare il lavoro che hai fatto finora.

C'è un'alta percentuale di possibilità che il pomodoro sia il primo colore da mettere sulla tela.

Esso, infatti, è l'ingrediente base per quasi la totalità delle pizze, con l'eccezione di pizze schiacciate e pizze bianche, che hanno una base di panna e formaggi.

La mozzarella, secondo ingrediente fondamentale, deve essere di buona qualità, fiordilatte o bufala, dipende dai tuoi gusti. A livello professionale si usano solitamente panetti di mozzarella senza siero, che quindi risultano più asciutti delle normali mozzarelle che si trovano nei sacchetti al supermercato. Questa caratteristica farà in modo che l'acqua contenuta nella mozzarella non inumidisca o appesantisca la pizza durante la cottura.

La mozzarella deve essere tagliata a listarelle oppure tritata con un'apposita macchina. Buffamente, una caratteristica che distingue la pizza fatta da un italiano e uno non italiano è la quantità della mozzarella sulla pizza. L'idea sarebbe infatti quella di mangiare la pizza con la mozzarella e non la mozzarella con la pizza! La giusta dose di mozzarella per una pizza italiana è 80/100gr. Diciamo che la pizza delle tartarughe ninja, famosa per la mozzarella filante, è sicuramente una pizza americana!

Per altri tipi di condimenti avremo bisogno di ulteriori ingredienti. Ricordo che per una corretta gestione della pizzeria è essenziale avere tutti gl ingredienti pronti per il servizio.

Alcune pizze prevedono i salumi messi a crudo, a cottura ultimata, come prosciutto crudo, pancetta etc. Idealmente bisognerebbe affettarli al momento del bisogno, per evitare l'ossidazione degli affettati durante il servizio.

Di seguito ti elenco qualche farcitura classica e non, ma poi starà alla tua fantasia e gusto creare dei prodotti unici.

Schiacciata. Questa pizza non è realmente definibile come una vera pizza, anche se viene utilizzato lo stesso impasto! In questo caso, la pallina viene aperta in modo più omogeneo possibile, bucherellato con le dita, in modo da non farlo gonfiare durante la cottura -a causa del mancato peso del condimento- condito con origano olio e sale e infornato. Nell'allargare la pallina bisogna dargli uno spessore uniforme senza creare il bordo e facendo ben attenzione a non lasciare il centro troppo sottile al fine di non farla bruciare. Il matterello può essere un valido aiuto. Il diametro è leggermente inferiore alla classica margherita.

A fine cottura si può tagliare a fette e servire insieme ai grissini o al pane. Un modo più ricercato nel servirla consiste nel mettere a fine cottura prosciutto crudo, pomodorini freschi, rucola e un filo d'olio.

Calzone. Si allarga l'impasto con uno spessore uniforme, può essere fatto tramite matterello, lasciando il centro leggermente più spesso, si farcisce il centro con mozzarella, prosciutto cotto e un cucchiaio di salsa di pomodoro. Infine si chiude l'impasto a metà, come se fosse un libro, premendo forte sui bordi in modo da sigillare il ripieno all'interno. Prima d'infornare si macchia la superficie con qualche goccia di salsa di pomodoro.

Una volta che il calzone sarà cotto, avrà la parte centrale bella gonfia. Si versa un filo di olio extra vergine all'uscita dal forno.

Calzonpizza. È un prodotto composto da metà calzone e metà pizza, il condimento è a piacere. In genere, a differenza del calzone, non viene aperto interamente con il mattarello, ma solo in parte, perché la metà che va a formare la pizza necessita di un pò di aria nel bordo per creare il tipico cornicione. Quindi è possibile stendere con il mattarello la metà che andrà a formare il calzone, si farcisce e si ripiega su se stessa fino a circa 2/3; si condisce la restante parte –spesso con solo pomodoro e mozzarella di bufala– e si inforna.

Spinaci e ricotta. Su una base di pomodoro e mozzarella si adagia la ricotta a pezzi, e gli spinaci precedentemente bolliti, scolati e conditi con sale e pepe. In seguito s'inforna.

Parmigiana. È ispirata a un tipico piatto italiano a base di melanzane fritte, salsa di pomodoro e mozzarella. Seguendo la ricetta della parmigiana, sopra la base di pomodoro si adagiano le melanzane a fette cotte in precedenza, si aggiunge il parmigiano a scaglie e la mozzarella e infine s'inforna. Per cuocere le melanzane si può scegliere la via più leggera, grigliandole o quella più "grassa", impanandole prima nella farina, poi nell'uovo e infine nel pane grattugiato per poi friggerle.

Frutti di mare. La base è di solo pomodoro, di solito la mozzarella si evita di mettere su questa pizza, poiché è discordante con i sapori del pesce. Si usa farcire con cozze e vongole crude, ancora chiuse ma mai usare più di 3 o 4 per pizza, in quanto a causa dell'acqua che rilasciano aprendosi, la rovinerebbero. I molluschi possono essere messi sopra la pizza anche già cucinati e sgusciati, ma sconsiglio di metterle le cozze già cucinate con il guscio prima della cottura in forno, perché la doppia cottura conferisce un odore nauseabondo a questa tipologia di pesce. Il condimento può essere ulteriormente arricchito da calamari e polpi già bolliti e tagliati a rondelle o altri molluschi o crostacei a piacere. In linea generale è difficile fare una buona pizza ai frutti di mare poiché la preparazione degli ingredienti richiede molto tempo. Si può condire il pescato con un filo d'olio e uno spicchio d'aglio in camicia prima di infornare e, una volta cotta, si spolvera con prezzemolo.

Caraibica. Composta da pomodoro, mozzarella, pomodori secchi e avocado.

Diavola (o Chorizo). La base è di pomodoro e mozzarella, con salame piccante come terzo ingrediente. In Italia si usa un insaccato stagionato tipico, la salsiccia piccante. Essa va messo sotto la mozzarella per evitare che bruci oppure bisogna tagliarla più spessa; mentre il Chorizo si mette sopra la mozzarella e il salame tedesco a fine cottura.

Primavera. Consiste in una pizza bianca, ciò vuol dire con mozzarella, stracchino o ricotta al posto della salsa di pomodoro, ma può essere anche basata su una schiacciata. A fine cottura si finisce di condire con pomodorini, rucola, scaglie di grano e a piacere prosciutto crudo. Facoltativo ma consigliato, un filo d'olio extravergine di oliva.

Hawaii. Classica base di pomodoro e mozzarella, con prosciutto e per ultimo l'ananas. Si può utilizzare sia l'ananas fresco opportunamente pulito, sia l'ananas in latta a fette. È una pizza famosissima a livello internazionale, è la passione dei popoli dell'Europa settentrionale, anglosassoni e ancora di più degli australiani, che apprezzano più degli italiani la cucina agrodolce.

Vegetariana. Base di pomodoro e mozzarella, con melanzane e zucchine in precedenza grigliate e peperoni precedentemente abbrustoliti al forno e privati della buccia.

Pugliese. Pomodoro, mozzarella, olive e cipolle crude tagliate sottili. Consiglio di usare le cipolle rosse, in quanto essendo più dolci sono le più adatte.

Tonno e cipolle. È un pugliese con l'aggiunta di tonno.

4 formaggi. In ogni pizzeria che rispetti c'è sempre la scelta tra la variante rossa o bianca (con o senza pomodoro). Quindi la base può essere con il classico pomodoro e mozzarella ma anche semplicemente bianca con i formaggi preferiti. Per quanto rigurda la scelta dei formaggi si possono mettere sia quelli a lunga stagionatura come grana, pecorino, asiago etc tagliati a dadini, che quelli freschi, come mozzarella, gorgonzola, stracchino, brie, etc.

Americana. È una pizza che ha spopolato intorno agli anni 2000. È formata da pomodoro, mozzarella, wurstel e patatine fritte a parte o aggiunte sopra a fine cottura. Spesso è quella preferita dei bambini.

Bismark. Tutti gli ingredienti sono messi prima dell'infornatura; è composta da pomodoro, mozzarella prosciutto cotto e un uovo crudo al centro.

4 stagioni. Non c'è una regola per gli ingredienti di questa pizza, in genere ha una base di pomodoro, mozzarella con sopra prosciutto cotto, funghi, carciofini sott'olio e olive, ma c'è chi aggiunge acciughe sotto sale -od olio- o altri ingredienti ancora. Quello che in nessun pizzaiolo cambia è il suo design: si distribuiscono gli ingredienti separatamente divisi sulla pizza in quattro parti uguali.

Capricciosa. Fondamentalmente è come la quattro stagioni ma invece di distribuire i prodotti divisi e ordinati vengono messi qua e là, a capriccio, con aggiunta a piacere di un altri ingredienti come salsiccia, rondelle di uova sode, capperi e altro.

Napoletana. È una pizza molto semplice formata da pomodoro, mozzarella, acciughe e origano.

Romana. È una delle poche pizze che non contiene formaggi. È formata da pomodoro, acciughe, capperi, olive e origano.

Siciliana. Questa pizza è una marinara –pomodoro e aglio– con l'aggiunta di olive, capperi, acciughe e peperoncino.

Maialona. Così chiamata per via dell'umorismo toscano, perché oltre al pomodoro e la mozzarella, gli altri ingredienti sono prodotti derivati dal maiale, tra cui wurstel, prosciutto cotto, salame e salsiccia, tutti opportunamente tagliati a fette. Una decorazione d'effetto da fare per questa pizza consiste nel mettere il wurstel in "piedi" incidendo una croce alle due estremità, con un'incisione minore nella parte alta, e aprendo le estremità di sotto in modo da farlo stare in equilibrio. In cottura il wurstel si arriccia, dando un bell'effetto scenografico.

Ai Funghi. Classici ingredienti base, quindi salsa di pomodoro e mozzarella e in ultimo i funghi, prima della cottura. Possono essere sia cotti che crudi. Nel caso di funghi cotti si possono usare quelli in commercio precotti in scatola oppure, ancora meglio, si possono trifolare in precedenza con aglio olio e prezzemolo. Per quanto riguarda i funghi freschi, si possono scegliere di tutti i tipi, dagli champignon ai porcini. Quando si usano funghi freschi, è opportuno tagliarli sottili e non abbondare mai troppo, poiché durante la cottura sulla pizza rilasciano molta acqua. A fine cottura si versa un filo d'olio extravergine d'oliva e si aggiunge del prezzemolo tritato.

Al Prosciutto cotto. Questa pizza è una semplice margherita con il prosciutto cotto in cottura. Per avere una buona riuscita, le fette di prosciutto devono essere sottili al punto giusto, di fatto, se troppo spesse in cottura non si asciugano e rilasciano acqua, mentre se troppo sottili si bruciacchiano.

Al prosciutto crudo o affettati. Si tratta di cuocere una pizza margherita e aggiungere a fine cottura gli affettati desiderati. Tra questi sono compresi prosciutto crudo, speck, bresaola, salame dolce, mortadella e pancetta arrotolata. Le pizze con una speciale tipologia di affettato possono acquistare diversi nomi, per cui avremo ad esempio la San Daniele, che non è altro che la marca di una particolare tipo di prosciutto crudo pregiato, o la Valtellina, il luogo dove la bresaola viene prodotta.

Bufalina. Questa pizza è molto difficile da fare se non si riesce a trovare il formaggio fresco per eccellenza della Campania: la mozzarella di bufala. È semplicemente una pizza con una base di pomodoro, mozzarella di bufala, un filo d'olio a fine cottura e qualche fogliolina di basilico. Come ogni cosa che sembra semplice, è quella più soggetta a errori, quindi ecco come si fa: dopo aver allargato il disco della pizza, si versa un cucchiaione di pomodoro, si spezza la mozzarella fresca con le mani e si distribuisce un po' sparsa senza coprire completamente la base di pomodoro. Il peso di mozzarella per ogni pizza può andare 100 ai 150 gr, alcuni mettono una presa di parmigiano grattato o un aggio simile, forse un po' per contenere l'acqua della mozzarella e dare maggior profumo.

Capitolo 5
La Cottura

Nel corso di questo libro abbiamo visto che l'impasto della pizza è vivo e per questo possiamo associarlo a una bolla di sapone: nasce, cresce e se non si blocca per tempo, scoppia. Allo stesso modo, l'impasto è creato, lievita e bisogna cuocerlo per tempo in modo da rendere il lungo lavoro fatto fino a questo punto una vittoria. Sta a noi saper riconoscere e controllare questi passaggi fondamentali della lievitazione, imparando a distinguere il momento ideale in cui il prodotto va cotto.

Ci sono diverse metodologie per la cottura della pizza, attraverso forni a gas, elettrici oppure a legna, come vuole la tradizione.

Partiamo subito con l'ultima opzione che, del resto, è quella più complicata: i forni a legna. Una volta capito questo tipo di cottura, sarà molto più semplice procedere con la spiegazione degli altri metodi.

Per quanto riguarda la cottura con il forno di casa, ti spiegherò tutto nel capitolo 7, capitolo dedicato completamente alla pizza fatta in casa.

IL FORNO A LEGNA

La cottura nel forno a legna fa parte della cottura tradizionale dei prodotti di panificazione italiana, e tra questi anche la pizza. Accenderlo e gestirlo, sia durante la cottura sia dopo, richiede un'esperienza che non è comune ai nostri giorni. C'è da dire che la cottura della pizza attraverso un forno a legna dà quel qualcosa in più al gusto e all'aroma del prodotto. Nel corso di questo capitolo cercherò di darti più informazioni possibili, così, nel caso avessi a disposizione un forno a legna saprai come gestire la cottura delle pizze al meglio.

Esistono tantissime tipologie di forni a legna: di forma circolare o semicilindrica, piccoli e grandi. Tutti hanno in comune la caratteristica di avere una volta e un piano in pietra refrattaria. Il fuoco deve ardere per molto tempo per permettere un riscaldamento uniforme a tutto il forno. Bisogna accenderlo utilizzando della legna asciutta e stagionata. Inoltre è importante avere legna di varie dimensioni, in modo da riuscire a gestire meglio la fiamma durante la cottura.

Un punto fondamentale per ottenere un ottimo risultato consiste nell'infornare la pizza una volta che il forno ha raggiunto la temperatura ideale. Ma, mancanza di un indicatore di temperatura, com'è possibile capire a che temperatura il nostro forno si trova? Il tempo necessario al suo completo riscaldamento è variabile da forno a forno, in base al materiale da costruzione, l'isolamento, l'altezza della cupola, la dimensione del forno e anche alla forza del fuoco. Per forni a legna piccoli, un'oretta basterà senz'altro, mentre per forni a legna di 2 metri di diametro possono servire anche due ore o più.

La prima operazione da fare è scaldare il forno con una fiamma sostenuta, bisogna fare delle valutazioni per imparare a conoscerlo bene, ma solo l'esperienza e il tempo faranno la vera differenza. In ogni caso il tempo per raggiungere la temperatura ideale dipende anche dalla frequenza di utilizzo, giacché un forno a legna professionale con un'ottima coibentazione, se viene acceso tutti i giorni, impiega mediamente un oretta per arrivare a temperatura. Infatti, anche se in modo differente da forno a forno, i mattoni refrattari usati per la sua costruzione tendono a conservare il calore per più giorni.

Forni accesi raramente impiegheranno un tempo maggiore prima di essere pronti per infornare le pizze.

In linea generale, calcola sempre che tutti i forni sono diversi tra loro e, di conseguenza, si comportano in modo diverso. Per imparare a conoscere bene un forno bisogna studiarlo, riuscendo a capire le varie caratteristiche che lo contraddistinguono. Ogni forno, grazie ai propri dettagli costruttivi, crea un tipo di pizza distinguibile ovunque e comunque. E poi c'è da dire che un forno usato farà quasi sempre una pizza migliore di forno nuovo dello stesso modello, un po' come il suono di una vecchia chitarra strimpellata tutta la vita è migliore rispetto a una nuova di pacco.

Resta da dire che, per le prime volte che si usa un forno diverso dal solito, il consiglio è di spingere la temperatura a valori più elevati di quello che si crede necessario e valutarne il tempo che impiega a perdere calore, una volta che la fiamma è consumata. È importante poi trovare quella forza di fiamma che occorre per tenerlo a temperatura costante, senza oscillazioni.

Prodotti da forno più antichi come il pane, erano cotti in forni scaldati, svuotati dalla cenere e chiusi con un coperchio sulla bocca del forno. La cottura della pizza è molto diversa: la fiamma deve essere viva a lato e la bocca del forno deve essere aperta. Per capire la giusta temperatura di cottura bisogna tenere in considerazione che, anche se è vero che c'è bisogno di una fiamma viva e costante a lato, questa non deve mai superare un terzo della volta, quindi non deve mai essere di forte intensità, bensì deve essere costante e di media intensità. Se la fiamma non fosse costante, ma avesse dei picchi troppo alti, tenderebbe a far cuocere la pizza troppo velocemente, con il risultato di colorarla velocemente senza darle il tempo di asciugare a dovere. Questo è un ottimo motivo che mi fa prediligere i forni a cupola alta, i quali tendono a distribuire il calore derivato dal fuoco più uniformemente e a rispettare di più la cottura rispetto a forni con la cupola bassa. Questi ultimi, infatti, erano utilizzati più nel passato, ma tuttora alcuni forni moderni sono influenzati da questo design "retrò".

Per avere un'idea precisa del giusto equilibrio di calore che deve avere il piano di cottura, ti posso svelare qualche semplice trucchetto del mestiere. Di solito, prima di intornare le prime pizze della giornata, si sparge un piccolissimo pugnetto di sale fino sul piano di cottura che interponendosi tra la pizza e la pietra refrattaria del forno crea un effetto cuscinetto che eviterà alla pizza di attaccarsi al piano di cottura, proteggendola da un'eventuale bruciatura.

Un'altra prova per controllare il calore del forno è vedere come si comporta la farina nel forno. Lanciandone un po' sulla base del forno, se la stessa brucia istantaneamente vuol dire che il forno è troppo caldo. E per i più temerari c'è la prova della mano che consiste "semplicemente" nell'inserirla all'interno della cupola per un secondo, e ovviamente senza toccare il piano di cottura con la mano! In tutti i casi sarà l'esperienza maturata nel tempo, che darà la sicurezza del calore giusto, una volta raggiunto.

Anche il colore della volta interna del forno è un ottimo indicatore. Di solito la parte interna della cupola di un forno arrivato a temperatura diventa totalmente o in parte bianca; questa regola è valida ma può variare secondo il tipo di coibentazione usata nella costruzione del forno.

La prova del nove della temperatura consiste nel controllare il tempo di cottura della pizza. Una pizza bianca a temperatura ottimale cuoce in 2 minuti circa, mentre una pizza rossa cuoce in 2 ½ /3 minuti.

Ricorda però che nel caso ti accorgessi che la temperatura del forno è notevolmente alta, non bisogna usare in nessun modo l'acqua per raffreddare il piano cottura. Infatti, questo metodo, usato erroneamente, tende nel tempo o molto peggio all'improvviso, a rovinare, e a volte spaccare, i materiali di fabbricazione, che siano refrattari o semplici mattoni, per via dello shock termico. Nel caso in cui la temperatura del forno sia troppo alta, aspetta o, in mancanza di tempo, cucina le pizze nella parte più lontana dalla fiamma; saranno le stesse ad abbassare la temperatura totale.

Un altro fattore che devi imparare a conoscere sta nell'identificazione della fiamma vivace, che serve a far salire la temperatura del forno, e della fiamma quieta, che serve a cuocere le pizze. È davvero un fattore decisivo e non trascurabile! Inoltre, a volte per cuocere una buona pizza sono sufficienti un forno molto caldo e una buona quantità di brace senza ulteriore fiamma aggiunta.

Purtroppo sbagliare le tempistiche e le modalità di cottura potrebbe compromettere tutto il lavoro fatto fino a questo punto.

Come abbiamo visto, bisogna predisporre di una temperatura ottimale prima di infornare, e non porvi rimedio quando le pizze sono già dentro. Non scaldare a sufficienza il forno e porvi rimedio in extremis durante la cottura, ad esempio aumentando la fiamma a dismisura, comporterà una precoce cottura della parte superiore senza la formazione di quello strato dorato e protettivo, con il rischio che il peso della farcitura porti alla formazione di un buco nel disco di pizza. Questo appena descritto è l'incubo d'ogni pizzaiolo: vedere sporcare il piano di cottura con gli ingredienti della farcitura che s'incollano alla base e bruciano, compromettendo l'uso di aree del forno. D'altro canto, avere un forno troppo caldo, anche se con temperatura omogenea tra base refrattaria e aria interna, determina una cottura quasi istantanea, dando rapidamente colore alla pizza senza però permettere che si asciughi a dovere, creando un prodotto piuttosto gommoso.

Anche quando si crede di conoscere bene un forno a legna, basta distrarsi cinque minuti o anche solo aggiungere un pezzo di legna troppo grosso, per perdere il grado di temperatura ideale. Per questo motivo è molto importante essere concentrati sulla cottura.

Una volta capita l'importanza della corretta temperatura del forno durante la fase di cottura, possiamo finalmente andare avanti e accingerci al fatidico momento nel quale dobbiamo infornare la nostra pizza direttamente nel nostro forno a legna.

Al momento della stesura della pizza la farina può essere un valido aiuto, ma bisogna ricordarsi sempre di sbattere la pizza prima della farcitura, e soprattutto prima dell'infornatura, in modo da non fare bruciare la farina in eccesso una volta che il prodotto è nel forno. Questo va evitato poiché conferirebbe un gusto amaro alla pizza.

Ok va bene ma in pratica come s'inforna una pizza? All'inizio della mia carriera ti confesso che era la parte che ritenevo più banale fra tutte le altre cose, ma poi, dopo i primi svariati insuccessi, fra pizze bucate, ovali, eccetera, ho realizzato che anche questa semplice operazione, richiede esperienza.

Il primo consiglio che mi sento di darti è quello di avere sotto la pizza un velo di farina, come abbiamo visto non deve essere troppa, bensì la quantità necessaria per cui la pizza, durante la fase di condimento non si appiccichi al piano di lavoro.

Bisogna poi utilizzare la giusta pala per infornare. Forse avrai già notato che il pizzaiolo ha a disposizione principalmente due tipi di pala. La pala per infornare è grande quanto la pizza, cioè circa 35 cm e presenta dei buchi sulla superfice, l'altro tipo di pala è più piccola e serve per girare la pizza all'interno del forno e per tirarla fuori una volta cotta.

Una volta infornata la pizza nel giusto angolo del forno e alla corretta temperatura, è possibile notare un quasi istantaneo rigonfiamento del cornicione. Questo proteggerà la cottura tutt'intorno e acquistando lentamente colore, detterà il tempo necessario di cottura.

La farcitura impedisce alla pizza di non bruciare la parte soprastante, mentre il calore ottimale del piano refrattario crea uno strato dorato e compatto, ma mai nero -neanche a cottura ultimata!- che permette di farsi sollevare e girare su se stessa tramite l'apposita pala, anche solo dopo una manciata di secondi. Una cosa molto importante a cui fare attenzione durante la cottura della pizza è l'omogeneità di colore, infatti, essa va girata nel corso della cottura poiché deve essere omogenea, perché ovviamente, la parte affacciata sulla fiamma scurisce in fretta.

Per riuscire a cuocere il bordo uniformemente è sufficiente dare il terzo di un giro alla pizza per le tre volte, ricordandosi i lati della pizza che sono stati alla fiamma e il luogo esatto dell'ultima pizza cotta. Questi dettagli sono quelli che permettono di scegliere come girare la pizza e dove porre la successiva.

Quando si ha bisogno di cuocere decine di pizze senza aver il tempo di recuperare la temperatura necessaria, si può usare solo una parte del forno alternando le infornate e dando così il tempo all'altra metà di tornare in temperatura. Un altro metodo consiste inizialmente di infornare nella parte più vicina al fuoco e far terminare la cottura lentamente, lontana dalla fiamma.

Questo utilizzare in modo alterno gli spazi sul piano di cottura farà sì che i mattoni abbiano il tempo di riacquistare il calore necessario per una cottura ottimale.

E qui arriviamo al punto di gestione del forno che, come abbiamo detto prima, è un'altra caratteristica critica di questa tipologia di cottura. Infatti, man mano che le pizze entrano ed escono dal forno, bisogna controllare che la temperatura dello stesso rimanga costante, in modo da non avere una fiamma troppo forte o leggera. Nel caso in cui si stanno cuocendo molte pizze contemporaneamente senza nessuna pausa, potremo aumentare la temperatura del forno, in quanto l'elevata umidità presente nel forno andrà ad agire come filtro al calore diretto della fiamma. Altro metodo di controllo consiste nel verificare la durata della cottura delle pizze. Nel caso in cui la temperatura si sia abbassata, ci possiamo aiutare aggiungendo dei pezzi di legno al fuoco iniziale. Se ci fosse troppa fiamma, si possono allontanare dei pezzi di legna dal fuoco principale affinché brucino meno.

Governare un forno a legna è un po' come guidare un treno, non può partire o fermarsi all'improvviso, bisogna predisporlo ad una velocità costante e variabile in base al numero di pizze che si devono fare.

IL FORNO A GAS

Il forno a gas se realizzato in materiale refrattario di buona qualità replica il tipo di cottura del forno a legna; ha un bruciatore posto su di un lato della camera e cuoce l'impasto tramite irraggiamento e convezione. In generale, si può affermare che il forno a gas è ideale per la cottura della pizza proprio grazie a questi due modi di diffusione del calore e può essere un buon sostituto di un forno a legna, in quanto produce lo stesso risultato, ma ha il vantaggio di essere più pratico da usare, più pulito e più costante nel funzionamento.

Questo è quanto riguarda l'aspetto puramente tecnico. Certo è che, se i punti cardine sono sensazioni, emozioni, profumi e fascino, allora il forno a legna regala una vittoria schiacciante.

IL FORNO ELETTRICO

I forni elettrici di qualche anno fa erano comoposti semplicemente da una o più camere rettangolari, sopra e sotto i quali venivano poste delle resistenze, che tramite irraggiamento cuocevano le pizze. Nella maggiorparte dei casi, la cottura avveniva in modo lontanamente paragonabile al classico forno a legna, complice in fatto che i materiali usati non erano in grado di accumulare calore. Tuttavia, nei giorni nostri possiamo trovare in commercio forni elettrici rotanti refrattari che raggiungono temperature altissime e sono molto più semplici da usare rispetto alle due tipologie appena viste.

Due grandi vantaggi che si possono riscontrare nella cottura della pizza in un forno elettrico, sono la velocità del raggiungimento della temperatura desiderata e le sue ridotte dimensioni. Infatti, la gestione della temperatura di un forno elettrico è molto più semplice e immediata di quelli a combustione di legna. Inoltre, il forno elettrico ha delle dimensioni minori che lo rendono ideale anche per gli spazi di più piccoli.

Alcuni forni elettrici moderni consentono una cottura molto precisa e modificabile in base al proprio impasto, grazie anche alla possibilità di controllare l'umidità.

Inoltre, in questa tipologia di forno non c'è alcuna combustione né relativi residui, non essendoci fiamma viva. Grazie all'affinarsi delle tecnologie di costruzione, e temperature raggiungibili sono ormai le stesse dei migliori forni a legna, con il grande vantaggio di poter essere mantenute in maniera assolutamente costante e controllata.

Capitolo 6
Guida Pratica - Pizza Con Impastatrice e Forno Professionale

Ora che hai delle solide basi riguardanti il mondo della pizza, andremo più nel dettaglio sulla creazione della pizza professionale, partendo dalla ricetta fino ad arrivare alla cottura. L'impasto verrà quindi sviluppato attraverso l'uso di un'impastatrice e verrà infine cotto in un forno professionale. Gli obiettivi di questo capitolo consistono nel darti informazioni su come viene svolto il vero lavoro del pizzaiolo – diciamo che mi sento abbastanza ferrato sull'argomento!- e su come potresti creare la pizza professionale a casa tua.

La ricetta per la pizza classica con 4/6 ore di lievitazione a temperatura ambiente tra i 18°C e 25°C e lievito di birra è la seguente:

- ✓ 1 lt d'acqua
- ✓ 5/7 g di lievito di birra fresco
- ✓ 1850 g di farina 0 di buona qualità
- ✓ 50 gr di sale
- ✓ 50 ml di olio

Metti l'acqua dentro la ciotola dell'impastatrice, sciogli il lievito in acqua indicativamente fredda, se è estate, o leggermente tiepida, se è inverno; ricordati di calcolare la temperatura come abbiamo visto nei precedenti capitoli.

Aggiungi il 60/70% del totale della farina e accendi l'impastatrice. Dopo una trentina di secondi puoi aggiungere il sale e, continuando la miscelazione metti il resto della farina, incorporandola un po' per volta.

Dopo qualche minuto ti accorgerai che l'impasto inizierà a omogeneizzarsi e ad assorbire tutta la farina dal contenitore; a quel punto puoi versare l'olio a filo. Aggiungere la parte grassa alla fine di questo processo, favorisce l'omogeneità dell'impasto. Continua a fare girare l'impastatrice fino a quando riconoscerai di aver raggiunto il "punto pasta" di cui abbiamo parlato nel Capitolo 1. A questo punto sei pronto per procedere alla fase successiva, la puntata. Trasferisci l'impasto dall'impastatrice al piano di lavoro precedentemente oliato, e copri la massa con un panno umido, in modo che la parte soprastante non secchi. Ricordati che la durata della puntata deve essere proporzionata al totale delle ore di lievitazione, quindi essendo questo un impasto diretto con poche ore di lievitazione, richiede di conseguenza una puntata veloce, 20/30 minuti sono sufficienti.

Una volta che la puntata è completa e la massa rilassata potrai procedere alla seconda fase: lo staglio della massa, quindi la creazione delle palline da pizza.

Spolvera il piano di lavoro e la bilancia con della farina, senza esagerare, poiché l'impasto potrebbe avere difficoltà' a sigillarsi su se stesso nel caso in cui ci fosse troppa farina.

Ora inizia a porzionare l'impasto! Con l'aiuto di una spatola, o di un raschietto, cerca di tagliare al primo colpo un pezzo di pasta che abbia il peso il più possibile vicino al peso ideale che ti occorre. Se hai una grande quantità d'impasto, potresti stagliare inizialmente dei filoni di pasta e procedere con quelli al porzionamento delle palline. Con l'aiuto della bilancia puoi fare le dovute modifiche aggiungendo o togliendo pasta, in modo da arrivare al peso esatto prestabilito. In questo caso, io preferisco dare al panetto un peso di 200 grammi.

Se hai bisogno di aggiungere un pezzettino di pasta per arrivare al peso giusto, mettilo al centro del pezzo più grosso, in questo modo verrà inglobato all'interno di essa durante la creazione del pallina.

All'inizio, riuscire a tagliare la quantità esatta d'impasto potrebbe risultare parecchio difficile, ma non disperare, ci siamo passati tutti! Una volta raggiunto un livello di pratica adeguato riuscirai a porzionare la pasta del peso giusto senza l'aiuto della bilancia e soprattutto senza troppi rattoppi.

Nel caso non avessi esperienza nella formatura di una pallina, di seguito ti guido passo passo attraverso un metodo che trovo relativamente semplice per chi si trova alle prime armi. Sarà poi il tempo e la pratica che ti permetterà di personalizzare la tecnica. Infatti, non esiste un metodo giusto o sbagliato per la creazione delle palline, quello che conta è il risultato.

Rimettiamoci a lavoro!

Prendi il pezzo di pasta che a questo punto sarà del peso che hai scelto in precedenza.

Tieni il pezzo di pasta con due mani, con i pollici rivolti verso di te e con la mano destra inizia ad avvolgere il lembo di pasta su se stessa verso l'interno aiutandoti con le quattro dita della stessa mano, a questo punto fai la stessa cosa con l'altra mano facendo ogni volta ruotare il pezzo di pasta, fino a che non avrai completato il giro. Noterai che la parte di pasta superiore, inizierà a essere liscia e tirata, mentre tutte le sue estremità, saranno volte verso la parte sottostante. Adesso viene la parte più importante nella quale dovremo formare la vera e propria pallina. Dovrai fare passare la pasta attraverso un cerchio formato dal pollice e le altre dita della mano sinistra, che ne limiteranno il passaggio. Continua a spingere verso l'alto aiutandoti con le dita della mano destra fino a che non sarà uscita completamente dall'altra parte e ti ritroverai con tutta la pasta sulla mano sinistra. Ovviamente, con il passare della pasta, dovrai stringere sempre di più il passaggio fra pollice e indice fino ad arrivare a chiuderlo completamente, con l'intento di sigillare la parte inferiore della pallina, in modo che diventi uniforme e priva di eventuali bolle d'aria. Queste caratteristiche, infatti, pregiudicherebbero il risultato finale in quanto, in fase di apertura del pallina, potresti andare incontro ad aree della pasta più sottili, con conseguenze disastrose sul condimento durante la cottura.

Per finire quest'ultimo passaggio di formatura, puoi all'inizio utilizzare il banco di lavoro non infarinato e, una volta appoggiato la pallina con la parte inferiore a contatto con il tavolo, premere la pallina roteandolo con il palmo della mano contro la superficie, in modo da stringere e sigillare la parte inferiore; il movimento rotatorio deve essere sempre nello stesso senso. La certezza di essere sulla strada giusta l'avrai quando, roteando la mano in senso orario, ti sembrerà che la pallina si muova nel senso opposto! Con un po' di esperienza acquisita, si possono far girare due palline contemporaneamente.

Un altro metodo che richiede un po' più di esperienza, e che in realtà viene usato dai vecchi maestri napoletani, consiste nel tagliare la massa in filoni e, con una tecnica molto simile a quella spiegata in precedenza, prendere l'estremità del filone e formare la pallina direttamente dalla massa stessa ed infine mozzarlo del peso giusto direttamente con le mani. Per darti un'idea, questo sistema si usa nei caseifici per la lavorazione delle mozzarelle fatte a mano.

In linea di massima, quando raggiungerai un buon livello di pratica, la creazione di una pallina da pizza non dovrebbe essere più lunga di 10/15 secondi.

Una volta che i panetti sono stati formati, posizionali all'interno di cassette di lievitazione, se lavori in pizzeria, o in contenitori di plastica ermetici precedentemente oliati se stai preparando la pizza a casa. Questo, permetterà all'impasto di ripararsi da eventuale aria durante la fase successiva, l'appretto.

Ora bisogna che pensi alla temperatura alla quale li lascerai lievitare. Non volendo usare il frigo in estate potresti lasciare le cassette di lievitazione a temperatura ambiente per una durata di circa 3/4 ore, mentre 5/6 ore nei mesi più freddi dovrebbero essere sufficienti. In ogni caso ricordati di controllare la loro crescita.

Se la temperatura ambiente fosse davvero alta, è possibile eseguire una parte di questa fase in frigo a 4 C° in modo da rallentare il più possibile la lievitazione. Andranno tirati fuori dal frigo prima del loro utilizzo, in modo che raggiungano la temperatura ambiente.

La lievitazione sarà completata quando vedrai i panetti gonfi, raddoppiati sia in altezza sia in larghezza, non collassati su se stessi e probabilmente attaccati tra di loro.

A questo punto procurati un raschietto pulito e farina. Se puoi, prediligi quella di semola, poiché ti aiuterà maggiormente in questa fase e donerà al prodotto finito un tono più croccante.

Per prima cosa devi cercare di estrarre il panetto lievitato dal contenitore o cassetta di lievitazione, in modo da non rovinare la forma rotonda e la maglia glutinica formatasi. Puoi fare ciò spargendo un po' di farina intorno alla pallina e ridelimitando il contorno di essa con un raschietto. Dopodiché infila il raschietto sotto il panetto in due tempi, aiutandoti a sollevarlo con l'altra mano se necessario. Rovescia quindi il panetto dal raschietto al mucchio di farina di semola che hai precedentemente preparato sul banco di lavoro

A questo punto dovresti avere di fronte a te la parte più umida del pallina, perché era la parte a contatto con il contenitore. Copri quindi questa parte con abbondante farina e siamo pronti per la prossima fase, l'apertura della pallina!

La fase di stesura ha infinite personalizzazioni, io ti descriverò la più comune, la cosiddetta "apertura a schiaffo" che è quella che personalmente utilizzo.

Inizia a schiacciare il panetto con i polpastrelli di entrambe le mani con un movimento a dondolo, partendo dal centro e andando in avanti verso il bordo, in modo da portare tutta l'anidride carbonica creatasi durante la licvitazione verso di esso. Saranno le punta delle dita che andranno a delimitare e formare il bordo. Il cornicione è la parte caratterizzante della pizza, quindi sta a te sceglierne la dimensione. Consiglio di non schiacciare completamente la parte centrale, poiché tende ad assottigliarsi durante la successiva allargatura. In questa prima fase, per aiutarti a evitare di stressare troppo la pasta, puoi usare farina in abbondanza.

Per la seconda fase di allargatura invece, cerca di sbattere il disco, cercando di togliere la farina in eccesso, in questo modo eviterai di portare farina non necessaria nel forno. Infatti, la farina non inglobata nell'impasto tende a bruciare subito durante la cottura, conferendo alla pizza un gusto amaro. Inoltre, nel caso usassi troppa farina durante la stesura, dovrai pulire il forno frequentemente, con conseguente perdita di tempo.

Tornando alla nostra stesura, sposta il disco di pasta sul piano di lavoro avente solo un leggero velo di farina, per non fare attaccare la pizza e poterla poi sistemare sulla pala pronta per essere infornata; noterai che il disco avrà raggiunto una dimensione tale, che entrambi i palmi delle mani possano starci dentro. A questo punto appoggia una mano all'interno del disco e con l'altra prendi una sua estremità, e stando attento a non rovinare il bordo appena formato, impugnalo e tiralo leggermente verso l'alto. Ripeti l'azione ruotando l'impasto fino ad avergli conferito una forma rotonda.

Il movimento base è sempre lo stesso, ovvero tirarlo e girarlo contemporaneamente in una sequenza di movimenti che velocizzati, ne fanno agli occhi dei bambini, un giocoliere in grado di far girare una pizza da una mano all'altra come fosse una magia.

All'inizio ti posso garantire che non sarà semplice, ma con il passare del tempo riuscirai a compiere questa operazione molto velocemente e senza toccare il piano di lavoro, facendo letteralmente volare la tua pizza. Del resto il pizzaiolo cerca sempre di mettersi alla prova e quindi non ti sarà difficile vedere chi la apre al volo, su un braccio, sui polsi o addirittura facendo le flessioni a terra!

In ogni caso trova il metodo che preferisci, ma ricorda che quello che conta è il risultato. Per una pizza con bordo abbastanza sottile dovrai ottenere un disco di circa 35 cm, di spessore omogeneo e con il bordo un pochino rialzato.
A questo punto sei pronto a condire la tua pizza!
Il condimento della pizza è formato da ingredienti di base come salsa di pomodoro, mozzarella ed altri elementi opzionali. Anche se, in realtà, la pizza è amata da tutti perché è completamente personalizzabile.
Personalmente, trovo che il pomodoro non debba mai mancare. Una delle scelte da preferire ricade sui pelati in lattina, preferibilmente San Marzano. Essi non andrebbero frullati, bensì dovrebbero essere pressati a mano o con un passaverdura a maglia larga, e conditi con olio extravergine di oliva, un pizzico di sale e origano.
Per la stesura del pomodoro sulla pizza, prendi un cucchiaio largo e tienilo in mano come se fosse una

penna, in questo modo riuscirai a gestire meglio il suo movimento. Versa circa un cucchiaio e mezzo o due, equivalenti a circa 80/100 gr di pomodoro, nel centro del disco di pizza. Ora, col dorso del cucchiaio inizia a spostare parte della salsa di pomodoro dal centro verso l'esterno con un movimento a spirale, senza ovviamente andare sul bordo.

Dopodiché puoi aggiungere 80/100gr di mozzarella, di buona qualità ovviamente, che avrai precedentemente tagliato a listarelle oppure tritata con l'apposita macchina. Salsa di pomodoro e mozzarella sono solitamente un'ottima base dalla quale partire per l'aggiunta di altri ingredienti, starà poi al tuo gusto e inventiva, a condire la tua pizza come più ti piace.

Sei finalmente arrivato al momento della cottura. Prima di infornare la pizza, nel caso in cui stessi per andare a cuocere la tua prima pizza della giornata, ricordati di controllare che il forno sia arrivato alla temperatura ottimale, usando le tecniche che abbiamo visto precedentemente. Dopodiché spargi un pochino di sale grosso sul piano di cottura per evitare che la prima pizza si attacchi alla base interna del forno.

Ora bisogna decidere se portar la pizza alla pala o la pala alla pizza. Ah ah ah, anche se sembra una battuta non è una cosa così scontata. Infatti, nella tradizione napoletana, l'azione da compiere è quella di prendere la pizza fra indice e medio con entrambe le mani e, usando questa sorta di forbice, ma facendo attenzione a non bucare la pizza o schiacciare il cornicione, la si fa scivolare fino al bordo del tavolo dove, è presente un collega pronto con la pala in mano. A questo punto si mette la pizza sulla pala, si aggiusta la forma, si finisce di allargarla- e s'inforna.

C'è da dire che non sono un fan di questo metodo in quanto, lavorando da solo, il metodo che utilizzo è quello classico, cioè prendere la pizza con la pala.

Innanzitutto la pala giusta da usare in questa fase è quella larga con i buchi. Infarina lo spigolo della pala e, con un colpo secco, cerca di infilarla più che puoi sotto la pizza. Le prime volte puoi aiutarti con la mano, sollevando un pochino il bordo del disco di pizza. Dopo di ciò ti resterà da infilare la restante pizza sopra la pala. Per fare ciò tira un poco la pala verso di te, lentamente, in modo da avere più spazio e, con un'azione decisa, cerca di infilare la pala sempre più in avanti sotto la pizza, è un po' come dare un contraccolpo di ritorno. Due o tre colpi dovrebbero essere sufficienti. Il tuo movimento in questa fase deve essere veloce e deciso, mi dispiace dirlo ma, non hai molte possibilità di sbagliare, perché potresti fare cadere ingredienti sul piano cottura o, cosa ancor più grave, bucare la pizza, con il risultato di un forno da pulire e relativa perdita di tempo.

Una volta che la pizza è sulla pala, se ce n'è bisogno dai una sistemata alla forma; ora non ti resta che infornare la pizza.

Avvicinati più possibile al punto interno del forno dove vuoi appoggiare la pizza, adesso poni la parte frontale dello spigolo della pala sulla base del piano cottura e con un movimento veloce in avanti dovrai far scivolare il lembo della pizza sulla superficie e subito dopo, con un colpo secco, tira la pala verso di te molto velocemente. Assicurati sempre che la pizza non sia incollata alla pala tramite piccoli movimenti di precauzione, altrimenti rischieresti di infornare solo gli ingredienti e ritrovarti la pizza ancora sulla pala! Nel caso in cui il piano di cottura sia roteante, quest'operazione potrebbe essere più difficile, ma niente paura, dovrai "solamente" essere ancora più veloce in questa fase, altrimenti il risultato sarà una pizza ovale. È tutta questione di pratica.

La cottura di una pizza classica formata da una pallina di 200 grammi, in un forno con temperatura di 280°C circa, ha bisogno di 2/3 minuti di cottura per diventare un prodotto croccante e friabile, sufficientemente morbido da tagliare ma non gommoso da masticare.

Ricordati ovviamente di controllare la pizza durante la sua cottura in quanto, come abbiamo visto precedentemente, la corretta temperatura del forno è essenziale. Il colore che prenderà il cornicione dovrà essere omogeneo, e ti aiuterà a capire a che punto sei con la cottura. Per raggiungere questa omogeneità di cottura dovrai girare la pizza su se stessa.

Una volta che la pizza è pronta, tirala fuori con la pala adatta, quella con un diametro piccolino, e se necessario finiscila di condire.

La tua pizza è pronta!

Capitolo 7
Guida Pratica - Pizza Fatta In Casa

Finalmente è giunto il momento di fare qualche prova di quello che hai imparato finora direttamente a casa tua. Per prima cosa devi capire che tipo di pizza vuoi realizzare. Pizza in teglia o la classica pizza rotonda come quella che si mangia in pizzeria?

Ora, per prima cosa, scendiamo nel dettaglio sulla creazione della pizza in teglia, e ti assicuro, te ne innamorerai.

<u>Pizza in teglia fatta in casa</u>

La preparazione della pizza in teglia ha la caratteristica di essere semplice da realizzare, specialmente se si è a casa e non si dispone di particolari strumenti. L'assenza di strumentazione professionale, in questo caso, non pregiudica la realizzazione di un prodotto da forno spettacolare, che ti farà senz'altro leccare i baffi.

Generalmente parlando la pizza in teglia risulterà più spessa rispetto alla classica rotonda, ma altrettanto buona. Questa tipologia di pizza è venduta in Italia nei panifici, mangiata come snack durante il pomeriggio, o preparata in casa e mangiata per cena, al posto della classica pizza rotonda da pizzeria.

Il procedimento per preparare la pizza in teglia in modo corretto è leggermente diverso da quello che abbiamo visto finora.

Prima cosa, bisogna sapere con esattezza la quantità giusta d'impasto che andrai a mettere nella teglia per la cottura. In questo modo la pizza non risulterà ne troppo sottile, ne troppo spessa.

In genere i forni di casa hanno teglie rettangolari da 40 x 25 cm. La ricetta che ti darò di seguito è calcolata per ottenere la quantità d'impasto l'ideale per una teglia di queste dimensioni. Se invece hai una teglia di dimensioni diverse, puoi calcolarti il peso d'impasto totale adatto alla tua teglia.

La regola sta nel moltiplicare la superficie della teglia (lato x lato) per 0,6. Per esempio, per una teglia 40 x 25 cm, il peso dell'impasto necessario peserà (40 x 25 x 0,6=) 600gr.

Per la mia esperienza, solitamente una teglia delle dimensioni 40 x 25 è una porzione abbondante per due persone.

Per teglie rotonde il calcolo è uguale, andremo a calcolare l'area del cerchio ($r^2\pi$) e moltiplicheremo x 0,60= raggio x raggio x 3,14 x 0,60.

Io consiglio sempre per chi è alle prime armi di moltiplicare per 0.65 invece che 0.6, in questo modo sarà più semplice stendere la pizza; una volta che si è raggiunta una certa esperienza, si può andare a diminuire i grammi totali dell'impasto usato. Comunque questo dipende dei propri gusti, e dallo spessore della pizza che si vuole ottenere.

Nel caso in cui, ti dovesse avanzare un po' d'impasto... non disperare! Ci sono svariati modi per utilizzarlo e creare qualcosa di sfizioso. Ad esempio potresti preparare dei panzerotti fritti o al forno! Stendi il pezzo d'impasto a mano o con il mattarello, versa al suo centro un po' di salsa di pomodoro e qualche pezzo di mozzarella, senza esagerare, chiudilo a mezza luna e schiaccia bene i bordi in modo sigillare i bordi e non fare uscire la salsa durante la cottura. A questo punto friggilo per qualche minuto o infornalo per 10/15 minuti a 200°C. Ci sono ovviamente tantissime altre ricette, ad esempio potresti fare dei panini o delle mini pizze, la scelta è tua!

Tornando alla ricetta della pizza in teglia, la mia preferenza, è quella di utilizzare un impasto ad alta idratazione, in quanto lo trovo più facile da stendere, e il risultato finale sarà quello di avere una base più fragrante e che scioglierà in bocca.

La ricetta dell'impasto è la seguente:

- ✓ 370 farina medio forte
- ✓ 250 acqua
- ✓ 15 olio extra vergine di oliva
- ✓ 7 gr sale
- ✓ 3 gr cucchiaino di lievito secco o 10 gr di lievito di birra fresco o 150 gr di lievito madre precedentemente rinfrescato.

Ora finalmente possiamo passare alla parte divertente: mettiamo le mani nella farina!

Metti l'acqua in una ciotola, che userai per mescolare a mano gli ingredienti; se è inverno ricordati di usare acqua tiepida per favorire la lievitazione. Dissolvi il lievito nell'acqua, dopodiché aggiungi metà della farina e mescola utilizzando un cucchiaio. È giunto il momento di aggiungere l'olio e il sale; ne approfitto per ricordarti che, al fine di una buona lievitazione, è molto importante che il lievito non venga in contatto diretto con il sale! Infine aggiungi la farina restante. Essa va aggiunta poco alla volta e, continuando a utilizzare il cucchiaio, va impastata per 4-5 minuti.

Come abbiamo già visto non tutte le farine sono uguali e quindi ognuna si comporta in modo diverso per quanto riguarda l'assorbimento dell'acqua. Nel caso in cui tu stia impastando a mano e la farina sembra non assorbire bene l'acqua, trovandoti a lavorare un impasto appiccicaticcio, il mio consiglio è di fare delle pause durante questa fase in modo da dare il tempo al glutine di formarsi e quindi dare all'impasto il tempo per diventare più elastico. Non ti preoccupare, mi ringrazierai più avanti per la fatica risparmiata!

Una volta che impastando ti accorgerai che la pasta non si appiccica più al contenitore, spolvera di farina il piano di lavoro e rovescia l'impasto.

Continua a impastare fino a quando non avrai ottenuto un impasto liscio senza grumi, crea una palla, riponi l'impasto nuovamente nel contenitore coperto con la pellicola trasparente e lascia lievitare per circa un'ora. Dopo il riposo è giunto il momento di dare un po' di forza all'impasto, in modo che la maglia glutinica riesca a reggere la pressione risultante dalla prossima lievitazione, che sarà più lunga. Rovescia la pasta sul tavolo infarinato, cercando di non "stropicciarla" troppo,

Dopodiché schiaccia un poco l'impasto col palmo delle mani per allargarlo leggermente, ed effettua le cosiddette 4 pieghe.

Questo passaggio si compie portando il lembo sinistro quasi fino al raggiungimento del lembo destro, e viceversa, stessa cosa per gli altri due lembi, quindi il lembo superiore quasi a raggiungere quello inferiore e viceversa. In questo modo rinforzerai la maglia glutinica senza stressare eccessivamente l'impasto. Detto questo, ci sono molti altri modi per rinforzare la pasta, devi solo trovare quello che fa al caso tuo, secondo le tue preferenze e la tipologia di impasto.

La seconda lievitazione, il cosiddetto appretto, avverrà direttamente in teglia, in questo modo sarà più facile la stesura e la pizza sarà pronta per il condimento e la cottura. Per prima cosa ungi per bene la teglia, per evitare che la pizza si attacchi durante la cottura e per conferire croccantezza alla parte inferiore. Dopodiché prendi l'impasto, e cercando di non maneggiarlo troppo, posizionalo al centro della teglia. E' molto importante che durante questa fase di lievitazione, anche la parte superiore dell'impasto sia oleata e coperta da pellicola, per evitare che si secchi. Se la pasta rimanesse senza copertura, la parte più esterna formerebbe la cosiddetta pelle, un guscio secco, non elastico che sfavorirà la corretta lievitazione.

A questo punto bisogna che l'impasto raggiunga il doppio del volume iniziale. La tempistica dipende sia dal tipo e dalla quantità di lievito scelto che dalla temperatura ambiente. Nel caso in cui tu abbia usato la quantità di lievito fresco di birra o secco che ho consigliato, 2/3 ore di lievitazione a una temperatura di 25 /30°C dovrebbe essere sufficienti.

Ma come raggiungere queste temperature se ad esempio vogliamo mangiare la pizza d'inverno? Beh una possibilità potrebbe essere quella di evitare di mangiare la pizza in inverno, o di trasferisti in un paese caratterizzato da inverni caldi… ah ok, no, stavo un po' divagando, tornando alla realtà… Dicevo, per arrivare alla temperatura ideale di lievitazione basterà mettere la teglia in forno con la lampadina accesa o con un contenitore con acqua calda, in questo modo il forno diventa una piccola e casereccia cella di lievitazione. **Ricorda di non esagerare col caldo, altrimenti correresti il rischio di uccidere i lieviti presenti nell'impasto.** Una volta che la massa avrà raggiunto il doppio del volume iniziale, si potrà iniziare ad allargare.

Ti accorgerai che con un impasto lievitato e rilassato al punto giusto, saranno necessari pochissimi passaggi per riuscire ad allargarlo in modo che raggiunga tutta la superficie della teglia. Con un movimento a dondolo, inizia a premere dal centro dell'impasto cercando di portare la pasta fino agli angoli della teglia, facendo attenzione a non tirare l'impasto bensì, ad allargarlo con la sola pressione delle dita. Se, per esempio, ti manca un po' d'impasto in un angolo della teglia, oppure noti una parte dove l'impasto è troppo sottile, devi iniziare a premere a dondolo l'impasto da dove vedi che è in eccesso, avvicinandoti sempre di più alla parte di teglia interessata, in questo modo sposterai una parte di massa senza bucarla.

Se in questa fase la pizza tenderà a ritirarsi, vuole dire che la lievitazione non ha ancora raggiunto il livello ottimale e quindi non è ancora pronta per essere stesa; in questo caso non ti preoccupare, aspetta un'altra mezzora, lascia che la pasta si rilassi un pochino e riprova, sarà molto più facile. Una volta coperta tutta la superficie della teglia in modo uniforme, la pizza è pronta per il condimento. Regalale ancora una ventina di minuti, in modo da rilassarsi definitivamente prima di essere sommersa da tutti gli ingredienti a tuo piacere!

Nel frattempo prepara il pomodoro da usare come base del condimento.

Di solito per questioni di praticità uso una lattina di pomodori a pezzi da 400 gr di buona qualità, credo che questa sia la quantità giusta per una pizza di dimensioni 40 x 25cm. La salsa di pomodoro dà il meglio di sé se condita, quindi in un contenitore versa il pomodoro, e aggiungici un filo d'olio extra vergine, un pizzico di sale e origano.

Condisci quindi la pizza con la salsa di pomodoro stando attento a lasciare un po' di spazio non condito che andrà a formare il cornicione della pizza. Questo bordo ha diverse funzioni. La più ovvia è un fatto estetico, dà equilibrio ai colori finali. Altre funzioni sono più tecniche e permettono di non fare strabordare il pomodoro al di fuori della pizza. Se questo dovesse succedere, la pizza non si staccherebbe facilmente dalla teglia e il pomodoro fuoriuscito brucerebbe, rovinando in parte il duro lavoro che c'è voluto ad arrivare fin qui.

A questo punto puoi condire la pizza a tuo piacimento seguendo, perché no, tutte le idee che ti ho dato nel capitolo del condimento. Ricorda che se volessi mettere delle verdure sulla pizza, come ad esempio zucchine, peperoni e melanzane, dovresti grigliarle in precedenza perché non riuscirebbero a cuocere una volta nel forno e rilascerebbero troppi liquidi durante la cottura.

Per quanto riguarda la mozzarella, consiglio di prendere quella venduta nelle bustine con l'acqua, la cosiddetta "mozzarella fresca". Personalmente amo metterla a metà cottura perché, a causa della poca potenza del forno casalingo, la pizza si ritrova a cuocere molto più a lungo rispetto a un forno professionale, con il risultato che la mozzarella viene privata della parte di acqua che contiene, diventando cosi secca e privando la pizza della sua caratteristica finale: la morbidezza e quel gusto pieno di latte.

Una volta finito di condire è giunto il momento di infornare la tua pizza!

Anche qui il saggio consiglio è scaldare molto bene il forno. La pizza deve sempre entrare in forno solo quando la temperatura adatta è stata raggiunta.

Solitamente i forni casalinghi non superano la temperatura massima di 250°C e hanno la doppia funzione "ventilato" e "non ventilato".

Una cottura perfetta dipende da tanti variabili, come la tipologia di forno, di teglia, la quantità di umidità degli ingredienti ma, in linea di massima, una teglia di pizza ha bisogno di circa 12/16 minuti di cottura. Cuoci la pizza con tutti gli ingredienti che richiedono la cottura, ad eccezione della mozzarella, per circa 6/8 minuti a massima potenza (220°C per un forno ventilato o 250°C nel caso in cui il forno sia statico). Dopodiché poni la mozzarella a pezzi e finisci di cuocere ruotando la teglia di 180° per altri 6/8 minuti; Se si dovesse scegliere la cottura tramite forno ventilato, bisogna tenere in considerazione che il calore sarà più violento e i tempi di cottura più corti, ma io personalmente preferisco la modalità statica.

A cottura ultimata una buona pizza in teglia è alta circa 1,5/2 cm al massimo, risulta croccante e friabile esteriormente, ma morbida e soffice all'interno, con la salsa di pomodoro e la mozzarella gratinati sopra al punto giusto. Di solito come ultimo controllo di cottura mi assicuro che la parte inferiore sia cotta, e che la mozzarella sia sciolta e filante e non secca o bruciata.

Raggiungere un ottimo risultato con un forno di casa richiede vari tentativi, ma ti posso assicurare che con passione e tempo raggiungerai risultati straordinari, e quando avrai ospiti, sarai molto orgoglioso di sorprenderli con una (o più!) gustosissima teglia di pizza!

Un'altra utile informazione che posso darti è che puoi lasciare la pizza in frigo subito dopo il condimento, in modo da bloccare la lievitazione. Potrai infornarla direttamente nel forno caldo anche dopo qualche ora, per esempio all'arrivo degli ospiti. Stessa cosa la puoi fare congelando la pizza appena finita di condire, in questo caso lascia la pizza scongelare per qualche ora a temperatura ambiente e sarà pronta a essere inserita nel forno caldo.

Pizza classica fatta in casa

A questo punto del libro sarai già ben preparato su concetti come la creazione dell'impasto, la formatura del pallina per la pizza rotonda e la gestione della lievitazione, ma avrai bisogno di qualche accorgimento in fase di cottura, con i quali riuscirai a raggiungere un ottimo risultato anche senza un forno professionale, dando un risultato molto simile alla classica pizza della pizzeria, che risulta più croccante e fragrante.

Per questo di tipo di pizza, avrai bisogno di una lastra di pietra refrattaria da inserire all'interno del tuo forno casalingo, in modo da simulare la cottura di un forno professionale. Questo materiale ha molti aspetti positivi, infatti, contribuisce a cuocere la pizza in un modo più uniforme, permettendo di immagazzinare un notevole quantitativo di calore; conferisce fragranza e croccantezza assorbendo l'umidità presente nell'impasto e distribuendo il calore immagazzinato in modo omogeneo.

Ovviamente dovrai dare il tempo al forno e soprattutto alla pietra refrattaria di scaldarsi prima di inserire la pizza. Potrebbe volerci un po' di più del solito per quest'ultima, quindi accendi il forno per tempo.

Per finire, possiamo dire che, nonostante l'utilizzo della pietra refrattaria, i tempi di cottura non saranno gli stessi che in un forno professionale, quindi dovrai fare riferimento alla cottura della pizza in teglia fatta nel forno di casa che ho spiegato in precedenza.

Stop! Stop! Stop!

Eccomi di nuovo a interrompere la tua lettura!

Volevo solamente controllare come stava andando il libro, se sei arrivato fino a qui, direi non così male!

Avresti voglia di farmi sapere cosa ne pensi lasciandomi una breve recensione su amazon.it?

Non dovrebbe rubarti troppo tempo, si tratta di qualche minuto, ma ti assicuro che avrebbe un valore inestimabile per un piccolo scrittore come me.

Ti ringrazio in anticipo!

inquadrami per lasciare una recensione!

Capitolo 8
DISCIPLINARE AVPN

Un capitolo a parte va senz'altro dedicato al disciplinare della vera pizza Napoletana. Infatti, il suo scopo è stabilire le caratteristiche del prodotto tipico "verace pizza napoletana", con l'intento che ogni pizzaiolo in qualsiasi parte del mondo, presentando domanda all'Associazione per l'assegnazione e l'utilizzo del marchio collettivo "Verace Pizza Napoletana" sia in grado di offrire un prodotto con tutte le caratteristiche richieste dal presente disciplinare. È a discrezione dell'associazione se dare o no il marchio al richiedente. Esso, infatti, dovrà seguire meticolosamente tutte le regole scritte in questo disciplinare, e dovrà creare un prodotto che non sia in contrasto con la tradizione e le regole della gastronomia napoletana.

Elencherò le maggiori curiosità che differiscono e caratterizzano questo tipo di pizza:

Il titolo di pizza verace napoletana è riservato ai soli due tipi di pizza: marinara (pomodoro, olio, aglio e origano) e margherita (pomodoro, olio, mozzarella fior di latte, formaggio grattugiato e basilico.

Il metodo d'impasto seguito è quello diretto, partendo con la preparazione insindacabilmente dall'acqua, ed aggiungendo ad essa tutti gli altri ingredienti. Questa ricetta è progettata per farine con una W compresa tra 220 e 380. Non si dovrà inserire alcun tipo di grasso, o zuccheri nell'impasto. Da qui capiamo che nell'impasto della pizza napoletana non viene aggiunto l'olio d'oliva.

Per quanto riguarda lo staglio, i panetti devono avere un peso compreso tra i 200 e i 280 gr, per ottenere una pizza di diametro tra 28 e 35 cm.

L'aspetto che più differenzia la pizza Napoletana da quella romana è l'altezza del bordo che, al termine della cottura, dovrà avere un'altezza di circa 1-2 cm. La tecnica per la creazione del disco pasta è differente da quello romano, poiché il pizzaiolo Napoletano farà il possibile nel spingere durante questa fase tutta l'anidride carbonica verso la periferia del disco il quale resterà più gonfio. Sarà quest'ultimo che al termine della cottura formerà il "cornicione", elemento tipico della pizza verace napoletana.

Per quanto riguarda il condimento, c'è da fare qualche precisazione. Il pomodoro usato deve essere di origine italiana, e di tipo San Marzano, una tipologia di pomodoro allungato tipico della zona chiamata appunto San Marzano. Esso dovrà essere sgocciolato e frantumato preferibilmente a mano, poiché tale tecnica conferisce una differente consistenza al prodotto ed evita la rottura dei semi che conferirebbero un tipico gusto amaro.

La mozzarella usata deve necessariamente essere di tipo fior di latte e deve essere di origine dell'appennino meridionale, oppure di bufala campana D.O.P.

Stessa cosa vale per gli altri ingredienti, dovranno essere preferiti prodotti di origine campana, come per esempio l'olio extra vergine di oliva, che andrà messo a filo prima di infornare la pizza. È consentita l'aggiunta anche a crudo dopo la cottura per ragioni organolettiche.

La cottura dovrà avvenire direttamente sul piano del forno, esclusivamente in forni a legna, dove si raggiunge una temperatura della camera di circa 485°C. Per questo motivo la cottura della pizza napoletana è caratterizzata da un tempo molto breve che va dai 60 ai 90 secondi. In questo modo la pizza non avrà il tempo di asciugarsi durante la cottura, risultando morbida e gustosa.

Il prodotto finito si presenta di forma tondeggiante, con diametro variabile che non deve superare 35 cm, con la parte centrale spessa all'incirca 0.25 cm e con il cornicione che dovrà essere ben alveolato , privo di bolle, bruciature e di colore dorato.

Il colore che spiccherà di più sarà quello rosso del pomodoro, cui si è perfettamente amalgamato l'olio, il bianco della mozzarella a chiazze più o meno ravvicinate e il verde del basilico in foglie, più o meno scure, a causa della cottura.

Capitolo 9
LE MIE RICETTE

Per terminare questo libro sulla pizza non potevo che aggiungere qualche ricetta particolare che mi porto dietro e custodisco con affetto.

FOCACCIA GENOVESE ALL'OLIO

La Focaccia genovese, in dialetto "*a fügassa*", è una golosa specialità salata tipica della cucina ligure. Si tratta di una focaccia non troppo spessa (massimo due centimetri), soffice ma allo stesso tempo croccante esteriormente e molto saporita. La particolarità della focaccia alla genovese, che la distingue dalla classica Focaccia, sono le fossette, dei buchi che vengono fatti con le dita dal fornaio poco prima dell'infornatura, nelle quali viene versata una emulsione di acqua, olio extra vergine e sale medio/grosso. Questa operazione dona alla focaccia un delizioso colore dorato e la rende particolarmente saporita, oltre che morbida. È semplicemente buonissima!

Qui di seguito troverai la ricetta e tutti i passaggi per realizzarla.

Tutti gli ingredienti, ad eccezione della farina, sono scritti in percentuale rispetto alla quantità di farina. Questo fa sì che, una volta che avrai fatto qualche prova riguardo alla quantità esatta che ti serve per la tua teglia, sarà più facile ricordarti la ricetta, perché essendo in percentuale, sarà sempre la stessa, dovrai solo calcolare la quantità di farina che ti serve, dalla quale potrai calcolare la quantità di tutto il resto.

- 1kg di farina media forte
- 55-60% acqua
- 3% malto
- 2% sale
- 1 o 2% lievito (dipende dalla temperatura ambiente)
- 5% olio extravergine di oliva

Il procedimento per questo prodotto da forno è molto simile a quello che ti ho spiegato per la preparazione della pizza in teglia, quindi non ti andrò a spiegare nuovamente tutti i passaggi da fare perché sono gli stessi.

Una volta creato l'impasto, a mano o tramite impastatrice, mettilo a riposare per circa un'ora in un ambiente caldo e umido.

Dopo di ciò, prendi una teglia col bordo basso, e ungila con abbondante olio esattamente come con la pizza in teglia.

Rinforza poi l'impasto tramite le 4 pieghe e, senza maneggiarlo troppo, posizionalo al centro della teglia, ungendolo anche nella parte soprastante. Fai lievitare finche non avrà raddoppiato il volume (ci vorranno circa un paio d'ore).

Per la stesura segui i passaggi per la pizza in teglia e, una volta che sarai riuscito a coprire tutta la teglia con l'impasto, lascia lievitare per mezzora.

Adesso è giunta l'ora della parte più divertente e caratteristica della focaccia alla genovese.

Spargi una modesta quantità di sale medio sulla superfice e versa al centro della teglia un'emulsione 1:2 di olio extra vergine e acqua. Adesso spargi il liquido su tutta la superfice massaggiando delicatamente l'impasto con la mano. E' giunto il momento dei classici buchi sulla focaccia! Usando una o due mani premi senza paura la pasta con le dita distanziate utilizzando i polpastrelli per tutta la superficie della teglia. Non usare la punta delle dita poiché andresti a bucare l'impasto. Lascia lievitare per l'ultima mezzora.

Cuoci la focaccia alla genovese seguendo lo stesso procedimento per la pizza in teglia e toglila dal forno quando la superficie inizierà a prendere un colore dorato.

La focaccia può essere personalizzata con olive nere, salvia, rosmarino o cipolla rossa. Questi ingredienti vanno messi prima della cottura. Comunque devo dirlo: per un vero genovese, la versione preferita è sempre e solo quella originale.

FOCACCIA DOLCE IN TEGLIA

Questa è una variante dolce della classica focaccia. Per trasformare la ricetta è sufficiente sostituire il sale con il doppio del peso dello zucchero, e aggiungere 6 rossi d'uovo ogni litro d'acqua; se si vuole renderla più soffice si può aggiungere 150/200 gr di burro al posto dell'acqua corrispondente. La lievitazione è più veloce, quindi i tempi andranno adattati di conseguenza. Va lasciata lievitare in teglia e schiacciata pochissimo. Si può condire semplicemente con miele o zucchero prima di essere infornata.

FOCACCIA AL FORMAGGIO

Trattandosi di un altro prodotto da forno classico della liguria, non si poteva non chiamare focaccia! C'è da dire che sia l'aspetto sia il gusto non hanno niente a che vedere con la focaccia classica. Infatti, si tratta di due sfoglie sottili di pasta non lievitata, ripiena di un formaggio molle tipico della mia zona chiamato stracchino o crescenza, che viene cotta in una teglia particolare.

Come ti ho accennato all'inizio del libro, la mia esperienza lavorativa non si è limitata solo all'Italia, bensì ho lavorato diversi anni anche all'estero. Uno dei maggiori problemi al quale sono dovuto andare incontro, è stato quello dell'impossibilità di trovare certi prodotti tipici e, fra questi lo stracchino!

Col passare del tempo, sentivo di dover sfoggiare una delle mie carte vincenti, ovvero la focaccia al formaggio. Ma che focaccia al formaggio è senza lo stracchino?

Ed è per questo motivo che, dopo svariati tentativi, sono riuscito a realizzare questo tipo di formaggio molle e con il quale potevo finalmente far conoscere il mio cavallo di battaglia anche all'estero.

Il fine di questa storia è per dirti che, dopo la preparazione della pasta sfoglia, ti andrò a spiegare come fare a diventare un perfetto casaro!

Ingredienti per la sfoglia:

- 100% farina Manitoba
- 50% acqua
- 2% sale
- 1%malto (facoltativo)
- 5% olio

Come hai forse già notato, questo impasto non prevede l'uso di lievito. Infatti, il prodotto finito è caratterizzato da due sfoglie sottili di pasta croccante, che vanno a chiudere uno strato di stracchino.

Le pizzerie locali non tipiche, per comodità fanno questo prodotto con la stessa pasta per la pizza, ponendosi il solo obiettivo di tirarla a una sottigliezza incredibile; per gli amanti del formaggio forse potrebbe anche andar bene, ma per gli appassionati o per comprenderla realmente no, è una lontanissima imitazione.

Per realizzare la creazione dell'impasto della focaccia al formaggio, inizia a miscelare l'olio con acqua e sale, dopo di che aggiungendo la farina poco alla volta, impasta il tutto fino a ottenere una pasta liscia priva di grumi.

Metti l'impasto a maturare a temperatura ambiente per 6\8 ore (se hai poco tempo a disposizione, minimo 30 minuti) in un contenitore chiuso ben protetto dall'aria. Questa fase può essere svolta in frigorifero per un tempo anche più lungo, poiché in questo caso non abbiamo la variabile della lievitazione da gestire. Inoltre, questo tipo d'impasto non si rovina se rilavorato più volte: nel caso in cui ti avanzasse parte dell'impasto (e ti avanzerà sicuramente durante la sigillatura dei due strati di sfoglia) riuniscilo e lascialo riposare, sarà pronto per una successiva lavorazione.

Una volta che l'impasto è maturato, taglia il primo pezzo di pasta utilizzando un coltello affilato o una spatola stando attenti a non stressare troppo l'impasto altrimenti sarà difficile da stendere.

Adesso, dovrai stendere la pasta col mattarello il più possibile, aiutandoti con la farina per non fare appiccicare la pasta al banco e al mattarello e cercando di dare una forma simile alla forma della teglia che andrai ad utilizzare. L'ultima fase della stesura serve a rendere la pasta ancora più sottile, per questo motivo dovrai stendere la pasta a mano, sollevandola dal tavolo e tirando gentilmente; non esagerare nello stendere la sfoglia che andrà a formare la base della focaccia, infatti, questa avrà bisogno di essere un pochino più spessa perché dovrà essere in grado di contenere il ripieno di formaggio, mentre parte superiore potrà essere più sottile.

Vedrai che con questo d'impasto, se riposato il tempo giusto, sarà davvero facile compiere questa operazione, complice anche la forza della farina utilizzata. Nelle focaccerie o pizzerie tipiche, la pasta viene stesa rigorosamente a mano, ma questo non toglie che si possa raggiungere lo stesso risultato con una macchina sfogliatrice.

Siamo quasi alla fine della preparazione! Prendi una teglia oliata e poni la sfoglia su di essa cercando di non bucarla e lasciando cadere i bordi all'esterno.

A questo punto prendi lo stracchino, e ponilo a pezzi distanziati ricoprendo tutta la superfice della teglia. Indicativamente 150\200 gr di stracchino sono sufficienti per una teglia di 28\30 cm.

Stendi l'altra sfoglia in modo più sottile e copri il tutto, lasciando anche questa volta cadere i lembi della sfoglia all'esterno della teglia.

Per sigillare i due strati di pasta tra loro ti puoi aiutare con il mattarello, con il quale dovrai premere la pasta sul bordo della teglia. In questo modo, andrai a tagliare e automaticamente sigillare la tua focaccia al formaggio.

Ora spargi un po' di sale sulla superfice, versa un filo d'olio e strappa la sfoglia soprastante in più punti, in modo da permettere lo sfiato del calore.

Per quanto riguarda la cottura, s'inforna la focaccia al formaggio a 250°C per 10\15 minuti al massimo; ti accorgerai che il prodotto sarà cotto quanto la parte superiore risulterà molto colorita e friabile. L'elevata quantità d'olio tende a non farla bruciare in fretta ma, è davvero importante trovare il giusto equilibrio tra tempo di cottura e temperatura. Infatti, una cottura prolungata farebbe evaporare tutti i liquidi presenti nel formaggio, fino quasi a farlo scomparire, o viceversa un impasto cotto troppo velocemente non risulterebbe con la stessa fragranza.

E adesso… Lo stracchino fatto in casa!

Ingredienti:

- 2 litri di latte intero di buona qualità
- 200 ml di panna fresca
- 75 gr di yogurt al naturale
- ½ cucchiaino di sale
- ½ cucchiaino di caglio liquido

(per il caglio in polvere controlla i dosaggi scritti sulla confezione, sciogli in poca acqua non del rubinetto)

E' necessario un termometro da cucina.

Per prima cosa prendi una pentola capiente, versaci all'interno tutto il latte, il sale, lo yogurt e, dopo aver dato una bella mescolata, versaci anche la panna.

Adesso metti la pentola sul fuoco basso, e porta il tutto a 37°C.

Togli la pentola dal fuoco, aggiungi il caglio e prontamente mescola il tutto, cercando di non fare abbassare troppo la temperatura del composto.

Dovrai lasciare la pentola con il coperchio e coperta con uno straccio pesante per circa un'ora, cercando di mantenere una temperatura il più costante possibile. Puoi anche mettere la pentola dentro il forno spento con la lucina di posizione accesa, in modo da sfruttare l'ermeticità del forno a tuo favore.

Trascorsa l'ora di attesa, si sarà formata la cosiddetta cagliata. Prendi un coltello abbastanza lungo e pratica 2 tagli a croce, in modo da dividere la cagliata in 4 pezzettoni. Chiudi nuovamente il coperchio e fai riposare per altri 45 minuti.

Arrivato a questo punto, con l'aiuto di una schiumarola o un mestolo forato cerca di prelevare la cagliata e mettila all'interno di contenitori bucherellati, le fuscelle della ricotta sono perfette per questo scopo. Cerca di mantenere i pezzi di cagliata più integri possibile, in modo da rendere il prodotto bello morbido. Le fuscelle andranno posizionate all'interno di un contenitore, in modo che riesca a contenere il siero che fuoriuscirà dalle stesse.

Il siero è un ottimo prodotto che può essere usato per la panificazione. Ti consiglio di non buttarlo via, bensì utilizzalo al posto dell'acqua per la creazione di pane, focaccia o pizza.

Lascia raffreddare la cagliata fuori dal frigo per circa mezzora/un'ora, poi svuota il contenitore dal siero e metti il tutto in frigorifero. In questo modo il formaggio continuerà a colare, fino a raggiungere la densità desiderata.

Ogni due ore controlla il livello del siero ed eventualmente levalo dal contenitore. Lascia il formaggio in frigo per 24 ore, in modo che drenando diventi abbastanza compatto da poterlo utilizzare. La consistenza che deve avere è quella di un formaggio molle, simile alla ricotta ma più compatto, plastico e appiccicaticcio, con un gusto acidulo ma che una volta assaggiato ti lascerà senza fiato; ti assicuro che è davvero delizioso.

VARIANTI PER PIZZA DOLCE

Pizza dolce. Per una variante dolce della classica pizza, puoi usare come condimento, al posto del pomodoro, una semplice salsa fatta con panna, rosso d'uova, zucchero e una bustina di vanillina. Durante la cottura, questo composto si addenserà, dando alla pizza un effetto e un profumo simile a quello di una torta. Puoi aggiungere della frutta in cottura come mele, arance, fragole, pesche, banane o altro. La temperatura del forno dovrà essere più bassa rispetto alla classica pizza, poiché dovrà essere più croccante per essere apprezzata a pieno.

Un'altra variante si può realizzare usando come condimento del cioccolato fuso o a scaglie, nocciole, zucchero, mandorle o pinoli e a fine cottura si completa con banane o fragole, zucchero a velo o gelato.

Pizza a palloncino dolce. Allarga la pallina della pizza in modo perfettamente uniforme con l'aiuto di un matterello; il disco di pasta deve essere leggermente più piccolo di una pizza normale, inforna a forno molto caldo o a fiamma molto vivace. L'elevata temperatura del forno farà gonfiare la pizza come un palloncino. Una volta gonfiata, toglila dal forno e tagliala in due come un panino, e farcisci con nutella, cioccolato, marmellata, zucchero o quello che preferisci e rinfilala nel forno per renderla croccante.

Una volta uscita da forno si può spolverare con zucchero a velo.

RICETTE VARIE PER PIZZA CLASSICA O IN TEGLIA

E infine non ti potevo lasciare senza qualche altra ricetta di pizze in teglia.

Pizza in teglia 75% d'idratazione con mix di farine
- 560 g farina "00" (con W di circa 320)
- 30 gr di semola

- 140 gr tipo "1"
- 550 ml d'acqua
- 14 gr di sale
- 8 ml di olio
- 0.5 gr di lievito di birra fresco

Le successive ricette si basano sulla differenza tra temperatura ambiente e lievito necessario.

Impasto con 2 ore di lievitazione, temperatura ambiente tra i 18° e 25°C:
- 1 lt d'acqua
- 11/15 gr di lievito di birra fresco
- 1850 gr di farina
- 50 gr di sale
- 50 ml di olio

Impasto con 2 ore di lievitazione, T. ambiente tra i 10° e 20°C:
- 1 lt d'acqua
- 10/20 gr di lievito di birra fresco
- 1850 gr di farina
- 50 gr di sale
- 50 ml di olio

Impasto con 4/6 ore di lievitazione, T. ambiente tra i 10° e 20°C:

- 1lt d'acqua
- 8/12 gr di lievito di birra fresco
- 1850 gr di farina
- 50 ml di olio
- 50 gr di sale

Conclusioni

La pizza non appartiene ai grandi libri di cucina o di pasticceria ma è una piccola appendice di uno degli alimenti più antichi del mondo: il pane.

Proprio per questo chiunque può sentirsi rapito dalla passione della pizza.

Le pizze, infatti, non sono fatte solo da italiani, come il classico stereotipo ci farebbe credere, bensì ho conosciuto molte persone da tutto il mondo che, un po' incuriosite dall'arte della lievitazione e un po' attirate dal gusto sublime della pizza, hanno iniziato a creare la propria pizza.

Negli anni tantissimi sono quelli che hanno contribuito a perfezionare questo mestiere, alcuni autodidatti, altri figli d'arte.

Mi sento di ripeterti fino allo sfinimento di non sottovalutare mai che la pizza è un prodotto vivo e come tale può essere ogni volta differente, perché come abbiamo visto in questo libro, è dipendente da numerosi fattori, e nessuno di essi va sottovalutato.

Spero che questo libro ti abbia dato coraggio e conoscenze sufficienti per buttarti nel fantastico mondo dell'arte bianca. Solo una forte passione e dedizione per questo lavoro, o hobby, perché no, possono far crescere quell'esperienza di cui tutti noi abbiamo bisogno.

Grazie alle caratteristiche della pizza e alle sue e mille sfaccettature son convinto che oggigiorno è il cibo per eccellenza preferito nel mondo.

Infine, nel corso degli anni, ho imparato che in qualsiasi luogo si può creare un'ottima pizza, esprimendo la propria passione e capacità attraverso la riuscita di un ottimo prodotto.

A questo punto, buona pizza a tutti!

Tommaso

Printed by Amazon Italia Logistica S.r.l.
Torrazza Piemonte (TO), Italy